Michael Gräuler

Zur Problematik der Fair Value Beurteilung von Immobilien nach den IFRS

IGEL Verlag

Michael Gräuler

Zur Problematik der Fair Value Beurteilung von Immobilien nach den IFRS

1. Auflage 2008 | ISBN: 978-3-86815-016-2

© IGEL Verlag GmbH , 2008. Alle Rechte vorbehalten.

Die Deutsche Bibliothek verzeichnet diesen Titel in der Deutschen Nationalbibliografie. Bibliografische Daten sind unter http://dnb.ddb.de verfügbar.

Dieses Fachbuch wurde nach bestem Wissen und mit größtmöglicher Sorgfalt erstellt. Im Hinblick auf das Produkthaftungsgesetz weisen Autoren und Verlag darauf hin, dass inhaltliche Fehler und Änderungen nach Drucklegung dennoch nicht auszuschließen sind. Aus diesem Grund übernehmen Verlag und Autoren keine Haftung und Gewährleistung. Alle Angaben erfolgen ohne Gewähr.

IGEL Verlag

Inhaltsverzeichnis

Abkürzungsverzeichnis

ADHGB	Allgemeines Deutsches Handelsgesetzbuch
AfA	Abschreibung für Anlagen
AG	Aktiengesellschaft
AHK	Anschaffungs- und Herstellungskosten
BauGB	Baugesetzbuch
BDVI	Bund der Öffentlich bestellten Vermessungsingenieure
BORIS	Bodenrichtwertesystem
b.v.s.	Bundesverband öffentlich bestellter und vereidigter sowie qualifizierter Sachverständiger e.V.
bzw.	beziehungsweise
DCF	Discounted Cashflow
DIN	Deutsche Industrie Norm
d. h.	das heißt
ebd.	Ebenda
EN	Europäische Norm
et al.	et alii
EU	Europäische Union
EUR	Euro
EVS	European Valuation Standards
EWG	Europäische Wirtschaftsgemeinschaft
FASB	Financial Accounting Standards Board
GAA	Gutachterausschuss
gem.	gemäß
ggfs.	gegebenenfalls
HGB	Handelsgesetzbuch
Hrsg.	Herausgeber
IAS	International Accounting Standards
IASB	International Accounting Standards Board
IASC	International Accounting Standards Committee
i. d. R.	in der Regel
IDW	Institut der Wirtschaftsprüfer
IFRS	International Financial Reporting Standards

IVSC	International Valuation Standards Committee
Jg.	Jahrgang
Lt./ lt.	Laut / laut
m²	Quadratmeter
m³	Kubikmeter
NHK	Normalherstellungskosten
NRW	Nordrhein-Westfalen
o. J.	ohne Jahresangabe
o. O.	ohne Ort
o. S.	ohne Seitenanzahl
o. V.	ohne Verfasser
p.a.	per anno
qm	Quadratmeter
REITS	Real Estate Investment Trusts
RICS	Royal Institution of Chartered Surveyors
S.	Seite (n)
SIC	Standing Interpretations Committee
sog.	Sogenannt
St.	Stück
TEGoVA	The European Group of Valuers' Associations
TEUR	tausend Euro
u.a.	und andere
u.f.	und folgende
US-GAAP	United States – General Accepted Accounting Principles
Vgl. / vgl.	Vergleiche / vergleiche
WertR	Richtlinien für die Ermittlung der Verkehrswerte (Marktwerte) von Grundstücken
WertV	Verordnung über Grundsätze für die Ermittlung der Verkehrswerte von Grundstücken
wg.	Wegen
z.B.	zum Beispiel
zzgl.	zuzüglich

Abbildungsverzeichnis

Tabellenverzeichnis

Symbolverzeichnis

€.	Euro
=	gleich
( )	Klammern
-	minus / Subtraktion
*	multiplizieren / Multiplikation
§ / §§	Paragraph(en)
+	plus / Addition
%	Prozent
/	Trennungsstrich / Divisionszeichen

1. Einleitung

1.1. Einführung in die Thematik

1.1.1. Situation am Immobilienmarkt

Die Europäische Union erfreut sich als größter Immobilienmarkt der Welt zunehmender Beliebtheit bei Investoren und Immobilienfonds. Der deutsche Markt profitiert dabei von einem gewachsenen Standing. Viele Investoren suchen daher auch auf dem deutschen Markt Möglichkeiten der Anlage in Immobilien[1]. Für Furore sorgten in der nahen Vergangenheit die Übernahme großer Immobilientranchen der Viterra[2] sowie der Erwerb des Deutschen Bank Carrés in Düsseldorf durch Immobilienfonds und sog. Reits[3] (Real Estate Investment Trusts).

In diesem Umfeld stoßen Investoren immer noch auf erhebliche Unterschiede in der europäischen Bewertungspraxis von Immobilien. Unterschiedliche gesetzliche Vorgaben, hinsichtlich der Bewertung von Immobilien, sind eher die Regel als eine Ausnahme[4]. Ausgeprägte Bewertungskulturen finden sich insbesondere in Deutschland und den skandinavischen Ländern. In den südlichen Ländern Europas und den osteuropäischen Staaten, fehlt in der Regel eine verlässliche Datenbasis, die einen Vergleich von Grundstückswerten und Herstellungskosten von Immobilien ermöglicht. Die rechtliche Kodifizierung ist in den südeuropäischen Ländern als vergleichsweise

---

[1] Vgl. EUROHYPO AG; Marktbericht für das Jahr 2005 der EUROHYPO AG unter www.eurohypo.com/de/pdf_dokumente/marktberichte/ Marktbericht_Deutschland_dt.pdf. Siehe auch: BDO Deutsche Warentreuhand AG (Hrsg.) Praxishandbuch Real Estate Management; S. 294.

[2] Mit der Zustimmung der Europäischen Kommission und des Aufsichtsrates ist die Viterra für einen Verkaufspreis von 7 Milliarden Euro und einem Bestand von 138.000 Wohneinheiten an die Deutsche Annington Gruppe verkauft worden. Siehe hierzu: Deutsche Annington; http://www.deutsche annington.de/beitrag/da_ standardbeitrag_de_267317.html.

[3] Vgl. Manager Magazin; http://www.manager-magazin.de/geld/ geldanlage /0,2828,391796,00.html.

[4] Vgl. The European Group of Valuers' Associations: Europäische Bewertungs Standards; S. 249-300. Siehe auch Trotz in: The European Group of Valuers' Associations and the European Valuation Standard; Corporate Valuation Conference 2004 , 28.05.2004 in http://www.ivsc.org/standards.

schwach anzusehen[5]. Diese Unterschiede in den Rahmenbedingungen der Immobilienbewertung führen daher zwangsweise zu abweichenden Wertanschauungen bei, qualitativ gesehen, vergleichbaren Immobilien. Insbesondere bei größeren Immobilienportfolios. die nach den Kriterien der International Financial Reporting Standards als Investment Property[6] zu klassifizieren sind, stellen sich, auf Grund der unterschiedlichen Bewertungsansätze und den damit verbundenen abweichenden Verkehrswerteinschätzungen, Probleme bei der Beurteilung von Immobilien ein. Diese Auswirkungen reichen von der Einschätzung einer einzelnen Immobilie bis zur Beeinflussung der Beurteilung des Vermögens einer gesamten Unternehmung.

Das bei den Investoren aus Amerika und dem asiatischen Raum beliebte „Discounted Cash-Flow-Verfahren" findet nicht in allen Ländern der Europäischen Union Anwendung. So bestehen beispielsweise in Italien keine verbindlichen Vorgaben zur Bewertungsmethodik. In Großbritannien wird mit einem Vergleichswertverfahren, unter Einbeziehung von Miet- und Pachtverhältnissen gerechnet, so dass eine Vergleichbarkeit von ermittelten Verkehrswerten keinesfalls gewährleistet ist[7]. Durch die Anwendung des DCF-Verfahrens wird an dieser Stelle, insbesondere durch die Prognose künftiger Mittelzuflüsse, eine zumindest nominelle Wertsteigerung von immobilem Vermögen erwartet.

Für außenstehende Investoren wirken vielfältige, abweichende Regelungen als Hemmschuh für ein Immobilieninvestment im europäischen Raum. Hier hat es sich die TEGoVA (The European Group of Valuers' Associations), als europäischer Dachverband nationaler Immobilienbewertungsorganisationen zur Aufgabe gemacht, einheitliche Standards für die Immobilienbewertung zu entwickeln und diese weltweit zu verbreiten[8]. Die durch die TEGoVA entwickelten European Valuation Standards (EVS) sollen zu einer Hamo-

---

[5] Vgl. The European Group of Valuers' Associations; Europäische Bewertungs Standdards, S. 252-259 und S. 271-300.

[6] Vgl. IAS 40.

[7] Vgl. The European Group of Valuers' Associations: Europäische Bewertungs Standards; S. 249-300.

[8] Aus der Einführung zur deutschen Übersetzung der European Valuation Standards; in: The European Group of Valuers' Associations; Europäische Bewertungsstandards 2003; XII – XIV, Siehe auch: http://www.tegova.de.

nisierung der nationalen Normen sowie der internationalen Vergleichbarkeit beitragen. Die Umsetzung dieser Standards ist insbesondere in den neuen EU-Mitgliedsstaaten - nicht zuletzt auf Grund des Fehlens eigener rechtlicher und methodischer Vorgaben - weit vorangeschritten. In den Ländern wie Großbritannien, Spanien, Italien und Deutschland gilt das Bestreben, auf die Eigenständigkeit im Bewertungssektor nicht zu verzichten[9].

1.1.2. Situation am Kapitalmarkt

Durch die fortschreitende Internationalisierung der Kapitalmärkte wird es deutschen Unternehmen zunehmend schwerer, sich einer kapitalmarktorientierten Rechnungslegung zu entziehen[10]. Die Rechnungslegungsvorschriften des Handelsgesetzbuches[11] (HGB) scheinen zur anlegerorientierten Rechnungslegung nicht mehr auszureichen[12]. In den vergangenen Jahren wurde durch das International Accounting Standards Board ein neues Rechnungslegungssystem auf Basis der International Financial Reporting Standards (ehemals International Accounting Standards), entwickelt. Diese Standards sind seit dem Jahr 2005 durch kapitalmarktorientierte Unternehmen in der Jahresabschlusserstellung zu berücksichtigen. Durch diese Rechnungslegungsvorschriften sollen „hochwertige, transparente und vergleichbare Informationen in Abschlüssen und sonstigen Finanzberichten ..."[13] zur Verfügung gestellt werden, um somit Teilnehmer der Kapitalmärkte bei Ihren wirtschaftlichen Entscheidungen zu unterstützen. Gleichzeitig werden die sonstigen Stakeholder adäquat informiert. Ziel dieser Vereinheitlichung soll eine unverschleierte und zielführende Bewertung von Vermögen und Verbindlichkeiten sein.

Der für die Bewertung von Investmentimmobilien maßgebliche Standard IAS 40 erlaubt es jedem Unternehmen, welches diese Vorschrift anwendet, Immobilien in der Folgebewertung zum „fair va-

---

9 Vgl. TEGoVA; EVS 2003; S. 249-300.
10 Aus Deloitte; Präsentation zu den Grundlagen der International Financial Reporting Standards; 2005.
11 Siehe HGB; §§ 238 ff.
12 Vgl. Pellens / Fülbier / Gassen; Abschnitt V und Meyer; Unternehmenswertorientierte Berichterstattung auf Basis der IAS / IFRS; S. 1.
13 Vgl. IFRS Preface.

lue"[14] zu bewerten. Die Definition des fair values, als auch dessen Festsetzung bei als Investment Property gehaltenen Immobilien wird jedoch in einem erheblichen Maße durch Bewertungskulturen des jeweiligen Landes, in dem der Abschluss zu erstellen ist, beeinflusst[15]. Der Hauptgrund hierfür liegt in der Ausbildung der Gutachter, die sich an landeseigenen Maßstäben, Richtlinien und gesetzlichen Verordnungen orientiert.

Eine weitere Entwicklung, die einen erheblichen Einfluss auf den Kapitalmarkt nimmt, ist in der Einführung der unter dem Begriff „Basel II" gefassten Rahmenvereinbarung des Baseler Ausschusses für Bankenaufsicht zu sehen. In diesem Umfeld sind Kreditinstitute dazu übergegangen, effiziente Messverfahren zur Risikobeurteilung einer Unternehmung einzuführen[16]. Diese Ratingverfahren sollen zu einer objektiven Kreditwürdigkeitsprüfung und einer risikoadäquaten Kreditbepreisung beitragen.[17] Ein Bestandteil dieser Ratings besteht in der Analyse sämtlicher Vermögensgegenstände einer Unternehmung. Eine Wertabweichung in den Vermögenspositionen – insbesondere bei großvolumigen Finanzinvestments - kann folglich erhebliche Auswirkungen auf das Rating einer Unternehmung und somit auf dessen Refinanzierung haben[18]. Ein höherer Ausweis von Vermögensgegenständen führt zu einer tendenziell besseren Ratingkennziffer und damit zu einer Verbesserung der Refinanzierungsmöglichkeiten. Im Gegensatz dazu wird bei einer niedrigeren Vermögenskennziffer eine Verschlechterung der Eigenkapitalquote und damit eine Verteuerung der Kreditkonditionen ausgelöst. Laut der einschlägigen Literatur ist besonders die hohe Eigenkapitalaus-

---

[14] Der Begriff des „Fair Values" wird im deutschen Sprachgebrauch mit „Verkehrswert" und „Marktwert" übersetzt. Zu den weiteren Ausführungen wird auf den Abschnitt 1.3.2. verwiesen.

[15] Gemäß IAS 16.31-34 unterliegt die Wertbestimmung von Grundstücken und Gebäuden regelmäßig qualifizierten Sachverständigen. Vgl. hierzu: Ernst & Young; IFRS / US-GAAP Comparison; 3rd Edition; S. 284-286. Siehe auch: Deloitte: http://www.iasplus.de/standards/ias_40.php.

[16] Zu „Basel II" siehe: Deutsche Bundesbank unter http://www.bundesbank.de/bankenaufsicht/bankenaufsicht_basel.php.

[17] Vgl. Munsch/Weiß (2002); S. 30; 31 und Schneck et al. (2003), S. 44.

[18] Vgl. Deutsche Bundesbank (2005) (Hrsg.): Solvabilität – Eigenmittel für Grundsatz I; in http://www.bundesbank.de/bankenaufsicht/bankenaufsicht_eigen_grund.php; Frankfurt am Main 2005; (keine Angabe der Seitenzahl).

stattung essentiell für die Bewertung der Bonität einer Unternehmung und damit ausschlaggebend für das Ratingurteil[19]. Aus diesem Grund dürfte, für alle Unternehmen, die Immobilien als Finanzinvestitionen halten, die Bewertung ihres Immobilienbesitzes von zentraler Bedeutung sein.

1.2. Begriffsabgrenzung

1.2.1. Begriffsdefinition der International Financial Reporting-Standards (IFRS / IAS)

Seit dem Jahr 2005 sind kapitalmarktorientierte Unternehmen dazu verpflichtet, ihre Konzernabschlüsse nach den IFRS (formals: International Accounting Standards) zu erstellen[20]. Durch die Internationalisierung der Geschäftstätigkeit von Unternehmen wurde die Notwendigkeit der Harmonisierung der nationalen Abschlüsse begründet. Diese Harmonisierung soll es Investoren erleichtern, ein Unternehmen zu bewerten und eine qualitativ hochwertige Vergleichbarkeit von Unternehmensabschlüssen zu gewährleisten[21]. Die IFRS sollen dabei, als Rechnungslegungsstandard und Vorgabe für die Erstellung eines Jahresabschlusses, garantieren, dass die tatsächliche wirtschaftliche Situation eines Unternehmens in einer unverzerrten Weise - ohne die Möglichkeit der Bildung von stillen Reserven - abgebildet wird. Die IFRS orientieren sich damit nicht vorwiegend an den Grundsätzen des Gläubigerschutzes sondern an den Maßstäben einer wertorientierten Unternehmensführung[22].

Die IFRS werden von einer privaten Organisation, dem sog. International Accounting Standards Bord (IASB) beschlossen und veröf-

---

[19] Vgl. Bundesverband deutscher Banken (2005); S.12 sowie Handelsblatt (2004) (Hrsg.); Mittelständler kommen schwer an Kredite; Nr. 224; 17. November 2004; S. 25 und Werner, H-S- (2004): Mezzanine-Kapital – Mit Mezzanine-Finanzierung die Eigenkapitalquote erhöhen; 1. Auflage; Köln 2004; S. 11.

[20] Vgl. Spindler; Zeitwertbilanzierung nach dem ADHGB von 1861 und nach den IAS / IFRS; S. 8.

[21] Siehe Ernst & Young (Hrsg.); http://www.ey.com/GLOBAL/content.nsf/Austria/ Wirtschaftspruefung_-_Nationale_und_internationale_Rechnungslegung.

[22] Vgl. Wagenhofer; Internationale Rechnungslegungsstandards – IAS / IFRS; S. 12.

fentlicht. Die Ziele des IASB und seiner Dachorganisation stellen sich wie folgt dar[23]:

- „Im öffentlichen Interesse einen einzigen gültigen Satz an hochwertigen, verständlichen und durchsetzbaren globalen Standards der Rechnungslegung zu entwickeln, die hochwertige, transparente und vergleichbare Informationen in Abschlüssen und sonstigen Finanzberichten erfordern, um die Teilnehmer in den Kapitalmärkten der Welt und andere Nutzer beim Treffen von wirtschaftlichen Entscheidungen zu unterstützen;

- die Nutzung und rigorose Anwendung dieser Standards zu fördern; und

- eine Konvergenz der nationalen Standards und International Financial Reporting Standards zu hochwertigen Lösungen herbeizuführen."

Die Basis der IAS / IFRS wird durch das sog. „Framework for the Preparation and Presentation of Financial Statements" gebildet[24]. In diesem Framework werden die Ziele eines nach den IAS / IFRS erstellten Rechnungslegungsabschlusses (objective of financial statements), die zugrunde liegenden Annahmen (underlying assumptions) und damit die Prinzipien der periodengerechten Erfolgsermittlung (accrual basis) sowie der Grundsatz der Unternehmensfortführung (going concern), die Grundsätze für den Jahresabschluss (qualitative characteristics of financial statements), die Elemente des Jahresabschlusses (elements of financial statemens), die Ansatzmaßstäbe (recognition), die Bewertungsmaßstäbe (measurement) und die Konzepte der Kapitalerhaltung (concepts of capital and capital maintenance) vorgestellt.[25]

Der Kern der IFRS wird durch die Grundsätze der Verständlichkeit (understandability), der Relevanz (relevance), der Verlässlichkeit (reliability) und der Vergleichbarkeit (compariability) gebildet.

---

[23] Vgl. International Accounting Standards Committee Foundation (IASCF) Satzung vom Mai 2000, Abs. 2.; zitiert nach Wagenhofer; S. 42, 43.
Das „Preface to International Financial Reporting Standards" kann unter http://www.iasb.org/news/2002_archive.asp "Press Releases vom 23.Mai 2002" eingesehen werden. Vgl. auch: Kremin-Buch; Internationale Rechnungslegung; Jahresabschluss nach HGB, IAS und US-GAAP; S. 10. Siehe auch: http://www.standardsetter.de/drsc/docs/iasb_standards.pdf.
[25] Vgl. Stahl; Wechsel von HGB zu IAS / IFRS oder US GAAP; S. 27.

Über diese Grundsätze soll eine sachgerechte und angemessene Objektivierung der einzelnen Sachverhalte erreicht werden können (fair presentation). Zu berücksichtigen ist hierbei, dass Aufwand und Nutzen, d.h. die Kosten der Informationsbereitstellung und die Darstellung der Sachverhalte in einem angemessenen Verhältnis stehen müssen (contraints on relevant and reliable information).[26]

1.2.2. Begriffsdefinition des Investment Property

Der Begriff der Finanzinvestition (Investment Property) wird weitläufig als eine Investition, die den Erwerb von Forderungs- und Beteiligungsrechten beinhaltet beschrieben[27]. Der IAS 40.5[28] begrenzt diese Definition auf Anlageimmobilien (Grundstücke und Gebäudeteile), die vorwiegend zum Zweck der Erzielung von Miet- und Pachterträgen und zur Wertsteigerung gehalten werden. Auch Immobilien, welche im Rahmen eines Finanzierungsleasingverhältnisses, aus den vorgenannten Gründen, im Bestand gehalten werden, fallen unter den Begriff der Finanzinvestition.

Folgende Beispiele, auf die der Begriff der Finanzinvestition anzuwenden ist, werden ausdrücklich in IAS 40.6 dargestellt[29]:

- Grundstücke, die im Unternehmen langfristig zum Zwecke der Wertsteigerung und nicht kurzfristig zum Verkauf im Rahmen der gewöhnlichen Geschäftstätigkeit gehalten werden

- Grundstücke, die für eine gegenwärtig unbestimmte künftige Nutzung gehalten werden[30]

---

26 Vgl. Stahl; Wechsel von HGB zu IAS / IFRS oder US GAAP; S. 27.
27 Vgl. http://www.wirtschaftslexikon24.net/d/finanzinvestition/finanz investition.htm.
28 Vgl. IAS 40.
29 Vgl. IAS 40.6, vgl. auch: Pellens/Fülbier/Gassen S. 302-303. Vgl. Zülch; Investment Properties: Begriff und Bilanzierungsregeln nach IFRS, in: PiR 2005, S. 67-72. Fundstelle: http://www.wiwi.tu-clausthal.de/personen/ hochschul lehrer- innen/ hzuelch/; referierte Fachzeitschriften.
30 Grundsätzlich ist bei einer nicht vorgenommenen Festsetzung, ob das Objekt selbstgenutzt oder zum Verkauf gehalten wird, von einer Wertsteigerungsabsicht auszugehen. Folglich ist ein Objekt dieser Klassifizierung als Finanzinvestition zu bewerten. (Siehe IAS 40)

- ein Gebäude, das sich im Eigentum des berichtenden Unternehmens befindet und im Rahmen eines oder mehrerer Operating-Leasingverhältnisse vermietet wird

- leerstehende Gebäude, vorgehalten zur Vermietung im Rahmen eines oder mehrerer Operating-Leasing Verhältnisse.

Weitere Ausführungen zur Begrifflichkeit des Investment Property und den Vorgaben des IAS 40 sind unter Abschnitt 2.2.2 aufgeführt.

1.2.3. Begriffsdefinition des fair value

Der Begriff des fair values (deutsch: angemessener Wert) wird im allgemeinen Sprachgebrauch mit dem Begriff des market values (Verkehrswert) gleichgesetzt. Es ist festzustellen, dass in der Literatur unterschiedliche Definitionen für ein und denselben Begriff verwendet werden. Die Ausprägungen der Definitionen unterscheiden sich teils erheblich. So wird im deutschen Rechtsraum häufig die Definition des Baugesetzbuches[31] für den Verkehrswert angeführt – die im Wesentlichen auf der Definition der Europäischen Union beruht. Die Kurzdefinition des fair values gem. IAS 16 ist im Gegensatz zu den ausgeprägten Definitonen der TEGoVA und des Baugesetzbuches sehr unpräzise gefasst und läßt somit einen großen Interpretationsspielraum zu. Die folgenden Ausführungen geben einen Überblick zu den wichtigsten Definitionen.

1.2.3.1. Definition des Marktwertes durch die Europäische Union

Je nach Erfordernis und Ziel einer Wertermittlung wird diese nach rechtlich und formell abweichenden Standards angefertigt[32]. So ist es Ziel bei der Vornahme einer Immobilienbewertung zur Ermittlung eines Marktwertes, den „...Preis zu ermitteln, der zum Zeitpunkt der Bewertung aufgrund eines privatrechtlichen Vertrages über Bauten oder Grundstücke zwischen einem verkaufsbereiten Verkäufer und einem ihm nicht durch persönliche Beziehungen verbundenen Käufer unter den Voraussetzungen zu erzielen ist, dass das Grundstück[33] offen am Markt angeboten wurde, dass die

---

[31] Siehe Baugesetzbuch § 194.
[32] Zu den Anspruchgruppen und Zielen siehe Tabelle 1; S. 17.
[33] Anmerkung des Autors: Grundsätzlich wird ein Grundstück immer zusammen mit dem aufstehenden Gebäude bewertet – sofern dieses Gebäude

Marktverhältnisse einer ordnungsgemäßen Veräußerung nicht im Wege stehen und dass eine der Bedeutung des Objektes angemessene Verhandlungszeit zur Verfügung steht."[34]

Die genaue Definition innerhalb der Richtlinie 91/674/EWG[35] weist darauf hin, dass der zum Zeitpunkt der Bewertung in Ansatz zu bringende Geldbetrag (Preis) durch einen privatrechtlichen Vertrag zu erzielen ist. Hierdurch soll impliziert werden, dass die Parteien auf Augenhöhe agieren. Ein anderes Machtverhältnis kann unter Umständen einen niedrigeren Preis erzwingen. Beispielsweise wird im Rahmen einer Veräußerung, auf Grund einer Zwangsversteigerung, regelmäßig ein niedrigerer Preis erzielt, da es im Interesse der Gläubiger liegt, die offen stehenden Forderungen möglichst schnell einzuholen. Dieser Druck lässt ein Ungleichgewicht der Kräfte zwischen Verkäufer und einem Bietinteressenten entstehen[36]. Durch den Passus der Einigkeit und der mangelnden Beziehung soll eine Einschätzung des in Frage stehenden Objektes zu den üblichen Bedingungen eines offenen Marktes (ohne die Präferenzen eines nicht perfekten Marktes) erfolgen[37]. Der Hinweis auf die Verkaufsbereitschaft signalisiert, dass der Verkauf nicht durch einen überhöhten Preis erzielt werden muss oder eine höhere Marge als Anreiz erforderlich ist, um die Verkaufsbereitschaft zu erlangen. Der Ausschluss jeglicher Verbundenheit (z.B. durch ein Konzernverhältnis) schließt den möglichen Erwerb aus, der dazu dient eine besondere Marktstellung zu vereinnahmen. Niedrige Preise beim Erwerb unter Angehörigen und sog. Sentimentalkäufe zu überhöhten Preisen werden ebenso ausgeschlossen[38].

---

fest mit Grund und Boden verbunden ist. Ausnahmen hiervon bilden lediglich unbebaute Grundstücke, Erbbaurechte sowie Grundstücke mit   einer zum Abriss bestimmten Bebauung.

[34] Richtlinie 91/674/EWG zitiert nach den European Valuation Standards 2003; S. 34.

[35] Vgl. Richtlinie 91/674/EWG.

[36] Vgl. Steger; Zwangsversteigerung von Immobilien in der Zeitschrift „finanztip" in http://www.finanztip.de/recht/immobilien/br-immo150998.htm. „Durchschnittlich wird bei Zwangsversteigerungen ein Preis in Höhe von rd. 80% des ursprünglichen Verkehrswertes erreicht. Für Immobilien, an denen nur ein geringes Interesse besteht, seien teilweise nur Verkaufspreise weit unterhalb dieses Durchschnittswertes erzielbar."

[37] Vgl. TEGoVA; Standard 4.27; S. 35.

[38] Vgl. ebenda; Standard 4.27; S. 35.

Der Zeitpunkt der Bewertung spielt eine wichtige Rolle. Die Maßstäbe und Verkaufskriterien werden für diesen Tag festgehalten und spiegeln sich im Verkaufspreis wieder. Eine Änderung dieser Kriterien erfolgt fortwährend. So kann die Aufnahme von Ackerland in den Bebauungsplan den Wert eines Grundstückes in kurzer Zeit vervielfachen. Die Feststellung von Kontaminationen den Wert eines Grundstückes erheblich beeinträchtigen. Der Bewertungsstichtag ist daher so zu verstehen, dass ein möglicher Verkauf des Grundstückes unmittelbar erfolgen würde[39]. Das Angebot der Immobilie auf einem offenen Markt ermöglicht es, das Grundstück bzw. die Immobilie einer möglichst großen Käuferschicht anzubieten, um den besten Preis zu erzielen. Die ausreichende Verhandlungzeit impliziert einen möglichen Verkauf ohne Zwang. Bei Zwang eines eiligen Verkaufes (z.B. bei der Zwangsvollstreckung, Verkauf durch den Gläubiger oder Insolvenzverwalter) ist regelmäßig mit einem niedrigeren Erlös zu rechnen[40].

1.2.3.2. Definition des Verkehrswertes nach dem Baugesetzbuch

„Der Verkehrswert wird durch den Preis bestimmt, der in dem Zeitpunkt auf den sich die Ermittlung bezieht, im gewöhnlichen Geschäftsverkehr, nach den rechtlichen Gegebenheiten und tatsächlichen Eigenschaften der sonstigen Beschaffenheit und der Lage des Grundstücks oder des sonstigen Gegenstands der Wertermittlung ohne Rücksicht auf ungewöhnliche oder persönliche Verhältnisse zu erzielen wäre"[41]. Die Definition ist im Gegensatz zur Marktwertdefinition nach der EWG-Richtlinie auch auf sonstige Wertgegenstände ausgelegt, bezieht aber konkreter Stellung zu den wertbeeinflussenden Merkmalen – wie der Lage und Beschaffenheit des Grundstücks[42].

---

[39] Vgl. ebenda; Standard 4.28; S. 35.
[40] Vgl. TEGoVA; Standard 4.29 und Standard 4.30; S. 35, 36. Vgl. auch.: Holzner / Renner S. 22-24. Die hier getroffenen Erläuterungen zu den einzelnen Bestandteilen der fair value bzw. Marktwertdefinition sind auf die Abschnitte 1.3.2.3 und 1.2.3.4 analog anzuwenden
[41] Vgl. Baugesetzbuch §194.
[42] Zur Vervollständigung sind im Anhang die Einflussfaktoren zur Bestimmung eines Verkehrswertes für die Gebäudeklassen der wohnwirtschaftlichen Immobilien - als gewerbliche Investition - und für gewerbliche Immobilien dargestellt (Anlage 1; S. 70-72). Siehe auch Gebert; Untersuchung im Studiengang Geodäsie und Geoinformatik an der Universität Stuttgart zum

Laut Holzner / Renner[43] beinhaltet diese Formulierung die wichtigsten Kriterien einer Wertermittlung. Die Definition nach dem BauGB verlangt ebenfalls die Ermittlung eines Preises (beizumessenden Wertes) zu einem Stichtag, im „gewöhnlichen Geschäftsverkehr"[44], an einem offenen Markt.

1.2.3.3. Definition des angemessenen Wertes nach IAS 16[45]

Der Begriff des fair values und dessen Anwendung stellen zentrale Themen der IAS / IFRS dar. Der Begriff des „angemessenen Wertes" oder „fair value" wird im Rechnungslegungsstandard IAS 16[46] als „der Betrag, zu dem ein Anlagegut zwischen informierten, dazu gewillten und voneinander unabhängigen Parteien in einer Transaktion ausgetauscht werden können", bestimmt. Dieser Standard behandelt die Bewertung von Sachanlagen und damit von Immobilien, die nicht unter den Standard des IAS 40 fallen. Dazu zählen solche Immobilien, die der Produktion und der Verwaltung einer Unternehmung dienen und dazu bestimmt sind der Unternehmung für einen längeren Zeitraum zur Verfügung zu stehen[47].

Wie Küting bereits anmerkt, ist die Bestimmung des fair values nach diesen IAS 16 in der Praxis als durchaus problematisch zu betrachten[48]. In Abhängigkeit von der betrachteten Bilanzposition ist dieser fair value über den „Börsen- oder Marktpreis (market value)[49] , auf Basis von Marktdaten geschätzte Werte[50], dem Barwert (present value)[51], dem Ertragswert (income approach)[52] und zu fortgeführten

---

Thema „Bewertungsrelevante Aspekte bei Offenen Immobilienfonds"; S. 86-101.

[43] Vgl. Holzner / Renner S. 22-24.

[44] Vgl. Holzner / Renner S. 23.

[45] Vgl. http://www.iasplus.com/standard/ias16.htm.

[46] Gem. IAS 16.6.

[47] Vgl. IAS 16.6.; vgl. Grünberger / Grünberger; IAS / IFRS 2005; S. 20-26.

[48] Vgl. Küting / Reuter; Werden stille Reserven in Zukunft (noch) stiller? Machen die IFRS die Bilanzanalyse überflüssig oder weitgehend unmöglich? In Betriebs-Berater; 60 Jg. Heft 13; 29.03.2005. Siehe hierzu auch Degenhardt: Zeitwertbilanzierung finanzieller Vermögenswerte von Versicherungsunternehmen nach IFRS; S. 49.

[49] Vgl. IAS 16.32; IAS 38.75; IAS 39.AG 71; IAS 40.45.

[50] Vgl. IAS 39.AG 71; IAS 40.46.

[51] Vgl. IAS 39.AG74; IAS 40.46.

[52] Vgl. IAS 16.33.

Wiederbeschaffungskosten (current cost)[53] zu ermitteln. Die vorgenannten Verfahren sind so zu wählen, dass eine bestimmte Bilanzposition möglichst treffend dargestellt wird. Nur für den Fall das der fair value nicht verlässlich zu bestimmen ist, hat eine Bewertung zu fortgeführten Anschaffungs- und Herstellungskosten zu erfolgen[54].

Auf das Immobilienvermögen bezogen, kommen somit das fair value-Konzept der Vergleichswertermittlung - durch das ein Marktwert verlässlich bestimmt werden kann - die Berechnung des Discounted-Cashflows, das Ertragswertverfahren und das Sachwertverfahren zur Bestimmung des fair values in Frage.

Der Vergleich der Definition des fair values nach IAS 16 mit den Definitionen des Baugesetzbuches und dem der europäischen Union gibt zu erkennen, dass die IAS Definition Raum für Interpretationen bietet und einzelne Kriterien (vgl. Definition der TEGoVA) nicht ausgrenzt. Der vorgenannte Begriff des angemessenen Wertes wird in der Regel mit dem Begriff des Verkehrswertes und Marktwertes als gleichberechtigt angesehen. In diesem Zusammenhang ist auch der Absatz 29 ff. des IAS 40 für Immobilien, die als Kapitalanlagen gehalten werden, zu sehen[55]. Der Begriff des angemessenen Wertes kommt insbesondere bei einer Neu- bzw. Folgebewertung von Immobilien zur Geltung. Artikel 30 des IAS 16 stellt den „angemessenen Wert" mit dem „Marktwert" weitestgehend gleich.[56]

1.2.3.4. Definition des Marktwertes der TEGoVA und des International Valuation Standard Committee (IVSC)

Die privaten Organisationen TEGoVA und das International Valuation Standards Committee haben eine weitere Definition etabliert. „Der Marktwert ist der geschätzte Betrag, zu dem eine Immobilie in einem funktionierenden Immobilienmarkt zum Bewertungsstichtag zwischen einem verkaufsbereiten Verkäufer und einem kaufbereiten Erwerber nach angemessenem Vermarktungszeitraum in einer

---

[53] Vgl. IAS 16.33 .
[54] Vgl. IAS 38.81; IAS 16.15; IAS 16.23.
[55] Vgl. IAS 40.
[56] IAS 16 Art. 30: „Der angemessene Wert für Grundstücke und Gebäude ist in der Regel der Marktwert. Dieser Wert wird durch Schätzung ermittelt, die gewöhnlich von fachlich qualifizierten Gutachtern vorgenommen wird."

Transaktion im gewöhnlichen Geschäftsverkehr verkauft werden könnte, wobei jede Partei mit Sachkenntnis, Umsicht und ohne Zwang handelt"[57].

Ergänzend zu den Ausführungen nach den Abschnitten 1.2.3.1 – 1.2.3.3 wurde dieser Definition der Passus „funktionierender Immobilienmarkt"[58] hinzugefügt. Dieser Bestandteil soll nicht nur auf eine Marktphase oder einen Zyklus hinweisen, die auch Auswirkungen auf den zu erzielenden Preis einer Immobilie haben, sondern vielmehr die grundsätzlichen Marktmechanismen ansprechen. In einem funktionierenden Immobilienmarkt wird der Preis durch Angebot und Nachfrage geregelt. In einem Staat in dem der Immobilienhandel von staatlicher Seite vorgenommen wird, ist keine reguläre Preisbildung möglich[59].

1.2.3.5. Zusammenfassung und Kritische Würdigung

Sämtliche Definitionen zum Marktwert (Verkehrswert) sowie des angemessen Wertes unterscheiden sich – ausgenommen der Definition nach IAS 16 - nur in Nuancen, schließen sich einander aber keineswegs aus. In der Regel sind die Begrifflichkeiten Marktwert, Verkehrswert, angemessener Wert, beizulegender Wert (fair value) als austauschbar zu betrachten[60]. Die TEGoVA weist darauf hin, dass sowohl die Bewertung eines Objektes nach der EU-Definition und der Bewertung nach der TEGoVA-Version zu gleichen Ergebnissen führe[61].

Die Auslegung der fair value Definitionen nach dem Baugesetzbuch sowie der TEGoVA und der Definition nach den IAS / IFRS kann jedoch eine voneinander abweichende Bewertung der zu betrach-

---

57 Vgl. TEGoVA; European Valutation Standards 2003, Standard 4.10.
58 Siehe TEGoVA; Standard 4.07; S.29.
59 Vgl. TEGoVA; S. 33-49.
60 Die Begriffe fair value, market value, Verkehrswert, angemessener Wert werden im weiteren Verlauf synonym verwandt - in der Auslegung jedoch wird auf die Definition des fair value nach den IAS 16 zurückgegriffen. Vgl. auch: Ernst & Young (2005) (Hrsg.); http://www.ey.com/Global/ content.nsf/ Germany/Presse_-_Pressemittelungen_2005_-_Fair_Value. Auch Spindler unterstützt die Gleichstellung des Verkehrswertes mit dem Begriff des fair values. Vgl.: Spindler; Zeitwertbilanzierung nach dem ADHGB von 1861 und nach den IAS / IFRS; S. 54.
61 Siehe TEGoVA; EVS 2003; Standard 4.06; S. 29.

tenden Objekte auslösen[62]. Die Definition der TEGoVA, die die meisten Auflagen beinhaltet, bildet eine vollständige Definition des Marktwertes ab. Die IAS 16-Definition bietet den meisten Freiraum für Auslegungen. Dieser Freiraum eröffnet die Möglichkeit unterschiedliche Wertansätze für einen Vermögenswert zu wählen[63].

Wie bereits im Abschnitt 1.2.3.3 ausgeführt, ist die Bewertungsmethode des fair values in Abhängigkeit der betrachteten Bilanzposition zu wählen. Hinz bezeichnet den Begriff des beizulegenden Zeitwertes (fair Value) als „bewertungstechnischen Oberbegriff, der im Einzelfall durch andere Bewertungsmaßstäbe konkretisiert wird."[64] So ist eine Bewertung zu fortgeführten Anschaffungs- oder Herstellungskosten mit dem im weiteren Verlauf dieser Untersuchung noch ausführlich erläuterten Sachwertverfahren vergleichbar. Die Ertragswert- und Discounted-Cashflow-Methode gemäß den IAS / IFRS ist zur Ermittlung des Verkehrswertes ebenso bei der TEGoVA, der Europäischen Union und den deutschen Wertermittlern anerkannt[65].

---

[62] Siehe Trotz unter http://www.ivsc.org.

[63] Zur Pluralität der Wertansätze innerhalb der IAS / IFRS Rechnungslegung siehe Meyer; Unternehmenswertorientierte Berichterstattung auf Basis der IAS / IFRS, Eine bilanztheoretische und bilanzpolitische Betrachtung aus deutscher Sicht S. 190. Zu den weiteren Ausführungen siehe Abschnitte 2.2.1.1 u.f. (Erstbewertung- und Folgebewertung).

[64] Hinz; S. 134.

[65] Siehe Abbildung 5; S. 33.

2. Rahmenbedingungen einer fair value Beurteilung

2.1. Anspruchsgruppen und Ziele

Wie in der Einleitung bereits dargelegt wurde, ist die Erstellung einer fair value Beurteilung – insbesondere für als Finanzinvestitionen gehaltene Immobilien - unter Betrachtung von Rechnungslegungsgesichtspunkten auf der einen und unter den konkreten Aspekten einer Kreditvergabe auf der anderen Seite zu sehen.

Die Marktwertermittlung und das dazu erstellte Gutachten sind häufig ausschlaggebend für die Entscheidungen eines potentiellen Käufers und Investors. Der Käufer erhofft sich Informationen über den Zustand des Objektes sowie dessen Ertragskraft und ggfs. die Möglichkeit der weiteren Vermietung im Rahmen einer Kapitalanlage. Ein Investor, der sein Kapital einer Gesellschaft mit einem Anteil an Investmentimmobilien, zur Verfügung stellt, möchte den Marktwert seines Investments genau kennen. Dieser kann dem Investor über entsprechende Gutachten erläutert werden.

Während der Käufer sowie ein potentieller Anleger eine Aufnahme ins Portfolio planen, ist der Aspekt der Finanzierung zu klären. So ist das Verhältnis von Kredithöhe zum Marktwert (sog. Beleihungsauslauf oder loan to value - Risiko[66]) für die Einschätzung des Kreditrisikos maßgeblich.

Je höher der Marktwert der Immobilie bzw. des Immobilienportfolios einer Gesellschaft mit Investment Property Besitz ist, desto tendenziell geringer zeigt sich das Ausfallrisiko des Kredites im Rahmen einer Zwangsverwertung[67]. Ein weiteres Kriterium für eine Kreditentscheidung ist die Eigentragfähigkeit der Immobilie, d.h. die Fähigkeit der Immobilie, den erforderlichen Kapitaldienst aus dem Mietzins zu generieren. Bei der Betrachtung der Aspekte einer Kreditvergabe lassen sich die Anspruchsgruppen auf die Fremdkapitalgeber und das empfangende Unternehmen reduzieren.

Die Anspruchsgruppen eines nach IAS / IFRS erstellten Rechnungsabschlusses sind weitaus vielschichtiger. Die folgende Tabelle

---

[66] Siehe hierzu: Deutsche Bundesbank (2005); www.bundesbank.de/ download/ bankenaufsicht/pdf/200510_transformation_basel.pdf - ; S. 285.

[67] Vgl. Finanztip; unter http://www.finanztip.de; o.O.; o.V.

soll die Adressaten eines solchen Jahresabschlusses, die Situation und den spezifischen Informationsbedarf offenlegen:

Adressat	Situation	Informationsbedarf
Anteilseigner/ Investoren/ Gesellschafter	Trennung von Eigentum und Geschäftsführung	Gewinnsituation/-entwicklung Einschätzung der zukünftigen Entwicklung
Potentielle Anteilseigner	Trennung von Eigentum und Geschäftsführung; Auswahl aus einer Vielzahl an Investitionsmöglichkeiten	Gewinnsituation/-entwicklung, Einschätzung der zukünftigen Entwicklung
Lieferanten/ Gläubiger (insbesondere Kreditinstitute)	Finanzielles Risiko durch beschränktes Haftungskapital	Liquidität, Sicherheit der Forderungen (Überschuldung?)
Kunden	Mögliche Einbindung in eigene logistische Prozesse	Wirtschaftliche Fortführung des Geschäfts
Unternehmen	Steuerung des Unternehmens, Entscheidungen über Standorte, Geschäftseinheiten, Investitionen	Gewinnsituation/-entwicklung, Eigenkapitalentwicklung Kennzahlen
Allgemeine Öffentlichkeit/ Arbeitnehmer	Unternehmensgröße bringt gesamtgesellschaftliches Interesse mit sich	Arbeitsplatzentscheidung, Arbeitsplatzsicherheit, Wirtschaftskraft

Tabelle 1: Gegenüberstellung der Anspruchsgruppen[68]

---

[68] Vgl. Schrank; in Seminar zum Rechnungswesen aus der Vorlesungsreiche Allgemeine Betriebswirtschaftslehre für Juristen in http://www.iudexcalculat.de /BWL%20II/BWL_JURA_Teil_4_ Kapitel_2_Externes_Rechnungswesen_A.pdf. Hinweis: Der Informationsbedarf des Fiskus kann durch eine Bilanz nach IAS/IFRS nur bedingt, bzw. nicht befriedigt werden. Hierzu sollen die nationalen Abschlüsse (z.B. nach HGB) dienen. Der Fiskus als Anspruchsinhaber wurde insofern aus der Aufstellung herausgenommen. Zur Problematik einer IAS-Maßgeblichkeit siehe Herzig; IAS/IFRS und steuerliche Gewinnermittlung; S. 5- 35.

2.2. Vorgaben der IAS / IFRS für eine Bewertung von Immoblien[69]

Nach den Regeln der IFRS werden Immobilien Ihrer Verwendung nach unterschiedlichen Bilanzierungsvorschriften unterworfen. Ausschlaggebend für die Bilanzierung sind der Verwendungszweck und der derzeitige Zustand der zu betrachtenden Immobilie.

Im weiteren Verlauf der Untersuchung werden die Immobilien, die unter die Vorschriften des IAS 16 und des IAS 40 fallen einer näheren Betrachtung unterzogen.

Die Standards IAS 16 und IAS 40 weisen darauf hin, dass bei der Wertermittlung die Zuhilfenahme eines Gutachters wünschenswert sei.[70] Dies stellt eines der Kernprobleme des Standards[71] dar, da eine Orientierung an der Bewertung eines Gutachters immer die landestypischen Bewertungsmaßstäbe und Kulturen eines Landes berücksichtigt, in dem das entsprechende Objekt zu bewerten ist[72].

Die folgende Abbildung zeigt die unterschiedliche Immobilienklassifikation und die zutreffenden Bilanzierungsstandards:

---

[69] Zu der grundsätzlichen Interpretation der Standards wurden die Interpretationen aus dem Werk IDW; International Financial Reporting Standards; International Accounting Standards (IAS), Interpretadionen des Standing Interpretations Committee (SIC) in der Version von 2003 herangezogen. S. 255-281 und S. 884-919.Ergänzungen und neuere Interpretationen wurden den Internetquellen http://www.iasplus.com und http://www.ifrs-portal.com entnommen.

[70] Gemäß IAS 16.31-34 unterliegt die Wertbestimmung von Grundstücken und Gebäuden regelmäßig qualifizierten Sachverständigen. Vgl. hierzu: Ernst & Young; IFRS / US-GAAP Comparison; 3rd Edition; S. 284-286.

[71] Siehe IAS 16.30.

[72] Auch Wagenhofer kritisiert hier die unterschiedliche Auslegung der Standards an sich. So würden durch die unterschiedliche Auslegung der IFRS teilweise erhebliche Unterschiede in den bilanziellen Ausweisen erfolgt. Vgl. Wagenhofer; S. 26-55.

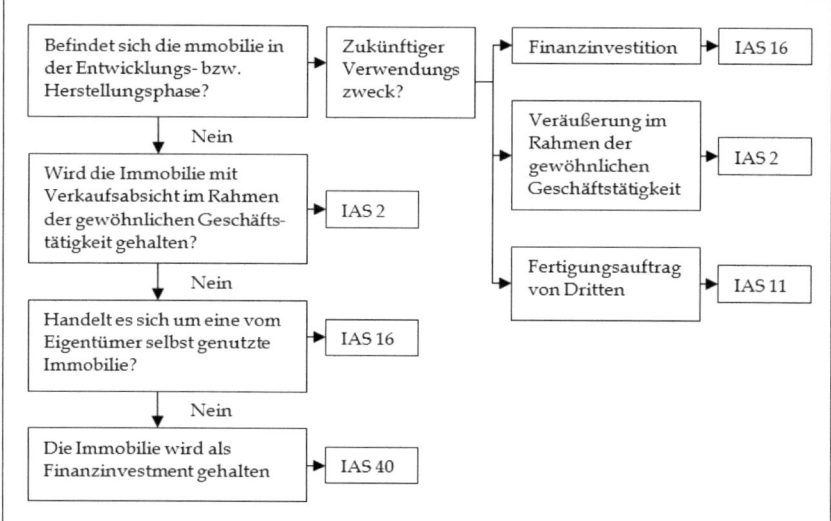

Abbildung 1: Bewertungsstandards für Immobilien unterschiedlicher Klassifikationen[73]

2.2.1. Immobilien nach IAS 16

Der IAS 16 bildet den grundlegenden Standard für die Bewertung von Sachanlagen[74]. Unter den Begriff der Sachanlagen werden materielle Vermögenswerte, die ein Unternehmen für Zwecke der Herstellung oder der Lieferung von Gütern und Dienstleistung, zur Vermietung an Dritte oder für Verwaltungszwecke besitzt und die erwartungsgemäß länger als eine Periode genutzt werden, gefasst[75]. Grundsätzlich sind Betriebsimmobilien und Betriebsgrundstücke diesem Standard unterworfen. Bei Immobilien nach IAS 16 ist die Zurechnung zu der Gruppe der langfristigen Vermögenswerte möglich[76].

Das Anlagevermögen ist grundsätzlich zu den Anschaffungs- oder Herstellungskosten anzusetzen und planmäßig abzuschreiben. Als Alternativmethode sieht der IAS die Neubewertung des Sachanla-

---

[73] Vgl. Pellens / Füllbier S. 397
[74] Vgl. Buchholz; Grundzüge des Jahresabschlusses nach HGB und IFRS; Abschnitt 3.2; Sach- und Finanzanlagen; Seitenzahl bedauerlicherweise nicht angabefähig.
[75] Vgl. IAS 16.6.
[76] Vgl. Ruhnke; Rechnungslegung nach IFRS und HGB; S. 409.

gevermögens vor. Bei Vorliegen einer Wertminderung ist das Anlagegut außerplanmäßig abzuschreiben. Bei Wegfall des Abschreibungsgrundes hat eine Zuschreibung in der Höhe der ursprünglichen außerplanmäßigen Abschreibung zu erfolgen[77].

2.2.1.1. Erstbewertung einer Immobilie nach IAS 16

Die Anschaffungs- und Herstellungskosten stellen den Wert für die Aufwendungen dar, die benötigt werden um die betreffende Sachanlage (Immobilie) zu erwerben und in einen betriebsbereiten Zustand zu versetzen[78].

Die Erstbewertung von Sachanlagen bzw. den unter den Begriff der Sachanlagen fallenden Immobilien ist zu den Anschaffungs- oder Herstellungskosten - zzgl. etwaiger Transaktionskosten - vorzunehmen[79]. Grundsätzlich gilt, dass eine Sachanlage nur dann als Vermögenswert anzusetzen ist, wenn (auch weiterhin) ein künftiger Nutzenzufluss zu erwarten ist und sich die Anschaffungs- und Herstellungskosten verlässlich ermitteln lassen[80]. Dies dürfte bei einer Immobilie, die der Klassifikation nach IAS 16 unterliegt, regelmäßig möglich sein.

Die folgende Abbildung stellt dabei die Kostenzusammenstellung für eine Immobilie dar, die im Rahmen der Anschaffungs- oder Herstellungskosten zu bewerten ist:

---

[77] Vgl. IAS 16.
[78] Vgl. Spindler; S. 54, 55.
[79] Vgl. IAS 40.20.
[80] Vgl. IAS 16.7. Siehe auch: Ruhnke; S. 419.

Anschaffungskosten	Herstellungskosten
Anschaffungspreis - Anschaffungspreisminderung	Bestandteile der Herstellungskosten gem. IAS 2[81]
+ alle direkt zurechenbaren Kosten, die angefallen sind, um den Vermögenswert in den vom Management vorgesehenen Zustand und Umgebung zu versetzen	
+ Ausgaben für zukünftige Entsorgungs-, Rekultivierungs- oder ähnliche Verpflichtungen	
+/- Wahlbestandteile aufgrund anderer Standards	
+ nachträgliche Anschaffungs- bzw. Herstellungskosten	
= Anschaffungs- bzw. Herstellungskosten einer Sachanlage	

Abbildung 2: Bestandteile der Anschaffungs- und Herstellungskosten[82]

2.2.1.2. Folgebewertung einer Immobilie nach IAS 16

Eine Folgebewertung bzw. Neubewertung einer Sachanlage ist grundsätzlich dann vorzunehmen, wenn der beizulegende Zeitwert und der Buchwert wesentlich voneinander abweichen. Die Nutzungsdauer, die Abschreibungsmethode und der Restwert sind jährlich anzupassen[83]. Dabei kann eine Folgebewertung zu fortgeführten Anschaffungs- oder Herstellungskosten (amortised cost-Modell) oder im Rahmen der Neubewertung[84] (revaluation) vorgenommen werden.

2.2.1.2.1. Folgebewertung zu fortgeführten Anschaffungs- und Herstellungskosten

Die Folgebewertung der nach IAS 16 zu bewertenden Immobilien kann zu fortgeführten Anschaffungs- oder Herstellungskosten, d.h. zu den ursprünglichen Kosten abzüglich der lebensdauerbedingten Abschreibungen sowie ggfs. außergewöhnlicher Wertminderungen

---

[81] Vgl.: IAS 2 / Siehe auch Wagenhofer S. 157-163.
[82] Vgl.: Hinz; Rechnungslegung nach IFRS; S. 133, 134. Siehe auch: Wagenhofer; S. 157-165.
[83] Vgl.: IAS 16.51 und IAS 16.61
[84] Vgl.: IAS 16.31.

erfolgen[85]. Die planmäßige Nutzungsdauer ist auf Basis von physischem Verschleiß, technischer Veralterung sowie etwaiger rechtlicher Nutzungsbeschränkungen zu schätzen[86]. Die Abschreibungsmethode ist dabei so zu wählen, dass der tatsächliche Nutzenverbrauch einer Sachanlage (Immobilie) abgebildet wird[87]. Zu berücksichtigen ist hierbei, dass Grundstücke als nicht abnutzbare Sachanlagen keinem lebensdauerbedingten Werteverfall unterliegen und damit nicht auf eine bestimmte Nutzungsdauer abgeschrieben werden können. Eine Abschreibung wegen einer außergewöhnlichen Wertminderung z.B. bei bekannt werden von Kontaminationen, bleibt hiervon unberührt.

2.2.1.2.2. Folgebewertung / Neubewertung zum fair value Ansatz

Eine weitere Folgebewertungsmethode wird durch den sog. Neubewertungsansatz geprägt. Voraussetzung für die Anwendung dieser Methode ist die zuverlässige Ermittlung des beizulegenden Zeitwertes (fair value)[88]. IAS 16.31 verweist hier explizit auf den zu ermittelnden Marktwert einer Sachanlage[89]. Bei Immobilien in normaler Ausprägung, d.h. Wohnimmobilien und Wohn- und Geschäftshäusern ist dies regelmäßig problemlos möglich. Nach IAS 16.32 ist der fair value grundsätzlich anhand einer marktbasierten Begutachtung zu ermitteln.

Bei Spezialimmobilien, wie z.B. von Kraftwerken und Gewerbegebäuden, die für einen bestimmten Betriebszweck errichtet wurden, besteht häufig kein Marktpreis, da eine Drittverwendung[90] dieser Immobilien ausgeschlossen ist. Hier schreibt IAS 16 eine Bewertung

---

85 Vgl.: Leinemann; Neue Bilanzierungsstandards (Teil 2); Marktwerte ermitteln; in Immobilienmanager 1+2, 2005; S.23-25; unter
    http://www.hvbexpertise.de.
86 Vgl. Spindler; S. 63.
87 Vgl. Ruhnke; S. 426.
88 Vgl. IAS 16.
89 Vgl. Zülch; Die Gewinn- und Verlustrechnung nach IFRS; S. 244.
90 Die Drittverwendbarkeit einer Immobilie ist nur dann gegeben, wenn die Immobilie entweder durch andere Nutzer oder auch für eine andere als für den ursprünglichen Zweck bestimmte Art – ohne erhebliche Aufwendungen für einen Umbau – verwendet werden kann.

nach dem Ertragwertverfahren oder zu fortgeführten Anschaffungs- und Herstellungskosten vor[91].

2.2.2. Immobilienbewertungen nach den Vorgaben des IAS 40

2.2.2.1. Erstbewertung von Immobilien nach den Vorgaben des IAS 40

Wie in der Begriffsabgrenzung unter Abschnitt 1.2.2 erläutert, werden Immobilien, die unter den Begriff der Finanzinvestitionen zusammengefasst werden können, zunächst analog der nach IAS 16 qualifizierten Immobilien zu Anschaffungs- oder Herstellungskosten bilanziert – einschließlich etwaiger Transaktionskosten.[92] Auf Abbildung 2 wird Bezug genommen.

2.2.2.2. Folgebewertung von Immobilien nach den Vorgaben des IAS 40[93]

Analog der im Abschnitt 2.2.1.2 vorgestellten Bewertungssystematik sind die Immobilien nach IAS 40 im Rahmen der Folgebewertung methodisch, nach dem beizumessenden Zeitwert (fair value) oder zu den fortgeführten Anschaffungs- und Herstellungskosten, zu bewerten. Dabei wird dem bilanzierenden Unternehmen das Wahlrecht eingeräumt, die Bewertungsmethode auszuwählen.[94] Die Besonderheit liegt darin, dass der erstmalig gewählte Ansatz durch das bilanzierende Unternehmen auch in den Folgejahren beibehalten werden muss. Außerdem ist die Anwendung der gewählten Bewertungsmethode für sämtliche Vermögensgegenstände die unter den Begriff des Investment Properties fallen anzuwenden[95].

---

[91] Vgl. IAS 16.33.

[92] Auf Abbildung 4, S.31, wird verwiesen.

[93] Vgl.: http://www.ifrs-portal.com/Texte_deutsch/Standards/Standards_ 2006/IAS_40/IAS_40_ 6.htm#Modell%20des%20beizulegenden %20Zeitwerts

[94] Vgl.: Küting / Reuter; S 709

[95] Vgl. Price Waterhouse Coopers / Deutsche Industrie und Handelskammertag (DIHK) (Hrsg.); International Financial Reporting Standards in mittelständischen Unternehmen; Juli 2005, download unter http://www.pwc.com/extweb/pwcpublications.nsf/docid/539BBAE800C0 1B7980257042003F44DF. Siehe auch Deloitte & Touche GmbH (Hrsg.) : IFRS

Hierdurch soll die Bilanzstetigkeit gewahrt bleiben[96]. Eine Durchbrechung ist lediglich dann erlaubt, wenn eine sachgerechtere Darstellung einer Vermögensposition erwartet wird.[97]

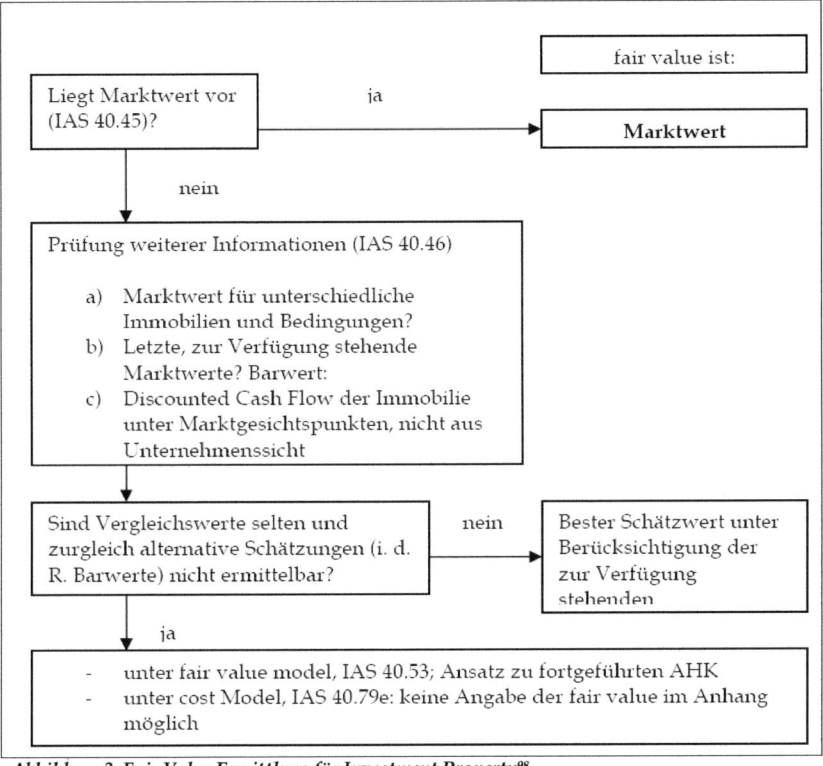

Abbildung 3: Fair Value Ermittlung für Investment Property[98]

1; Praxisratgeber „Erstmalige Anwendung der International Financial Reporting Standards"; S. 87-91.

[96] Vgl.: Spindler S. 66 unter Berufung auf Baetge / Zülch / Matena (2002); S 417.

[97] Anmerkung: Die Erlaubnis eine sachgerechtere Methode wählen zu dürfen, ermöglicht es, in den Folgejahren auch eine ggfs. für das Unternehmen günstigere Methode zu wählen, die den Immobilienwert höher ansetzt.

[98] In Anlehnung an Heuser / Theile; IAS/IFRS Handbuch; Einzel- und Konzernabschluß; S. 205.

2.3. Wertermittlungsvorschriften und Wertermittlungsmethoden europäischer Länder

Die Literatur weist darauf hin, dass die Wertermittlung in vielen Ländern Europas für vergleichbare Objekte zu unterschiedlichen Ansätzen und mit unterschiedlichen Resultaten erfolgt. Zur Darstellung der Unterschiede in den Vorschriften und Verfahren der Wertermittlung in Europa werden am Beispiel von Deutschland, Italien, Norwegen und Großbritanniens, Unterschiede in den Bewertungsgrundsätzen vorgestellt. Diese Auswahl von Ländern wurde vor dem Hintergrund der ur- europäischen Ausrichtung getroffen und soll darstellen, wie die Methoden und Standards selbst in - relativ gesehen - nah zusammen liegenden Ländern differieren[99].

2.3.1. Vorgaben und nationale Wertermittlungsvorschriften der Bundesrepublik Deutschland

Deutschland ist ein Land, das sich auf eine langjährige Tradition in der Ermittlung von Marktwerten berufen kann. Insbesondere nach 1960, nachdem die Regulierung der Preise von Wohnimmobilien den Marktmechanismen überlassen wurde, haben sich feste Bewertungsstrukturen etabliert. Verschiedene berufliche Vereinigungen, Zulassungskörperschaften und öffentliche Gutachterausschüsse steuern die Qualität der Bewertungen, der Bewertungsmethoden und überwachen die Fachkenntnisse der für die Wertermittlung zuständigen Gutachter[100].

Für die Verkehrswertermittlung sind insbesondere die Vorschriften des Baugesetzbuches, die Bewertungsverordnung (WertV 88[101]) sowie die Bewertungsrichtlinien (WertR 2002[102]) ausschlaggebend[103]. In § 194 BauGB wird der Verkehrswert - wie unter Abschnitt 1.2.3.2 - definiert. Die WertV und WertR konkretisieren die Methoden der

---

[99] Vgl. TEGoVA; EVS 2003; S. 249-300.
[100] Siehe hierzu Bund der Öffentlich bestellten Vermessungsingenieure (BDVI) unter http://bdvi.de sowie Bundesverband öffentlich bestellter und vereidigter sowie qualifizierter Sachverständiger e.V. unter http://www.bvs-ev.de.
[101] Vgl. WertV 88.
[102] Vgl. WertR 2002.
[103] Vgl. Reinhold; Wertermittlungsrichtlinien 2002; S. 38.

einzelnen Wertermittlungen sowie die dazugehörigen Anwendungsbereiche.

Bei der Bestimmung der Marktwerte sind in Deutschland Sachverständige einzusetzen, die nach der Richtlinie EN 45013[104] qualifiziert wurden. Diese öffentlich bestellten und vereidigten Sachverständigen haben sich nicht nur in einem ausreichenden fachlichen Maße zu qualifizieren sondern auch regelmäßig fortzubilden. Zusätzlich zu einer langjährigen Berufserfahrung im Immobilienbereich wird eine übergreifende Eignung mit Kenntnissen aus den Fachrichtungen des Bauingenieurwesens, Vermessungswesens, den Wirtschaftswissenschaften sowie grundsätzliche Kenntnisse der einschlägigen Rechtsordnungen erwartet. Diese Gutachter haben sich den Regelungen und Moralvorstellungen, den Sachverständigenverordnungen der Industrie- und Handelskammern, zu unterwerfen. So haben die Gutachter, unabhängig von den Interessen der Auftraggeber, zu handeln. Eine Bindung an den Auftraggeber kann zu einer Beeinflussung des ausgewiesenen Wertes und somit zu einem falschen Ausweis des Wertes gegenüber Dritten führen. Eine Wertermittlung ist daher zwingend frei von Weisungen Dritter anzufertigen[105].

Bei der Erstellung eines Marktwertgutachtens ist die Darstellung und Auswertung sämtlicher an der Betragsfindung beteiligten Faktoren ausschlaggebend. Die Quellen sind zu benennen und die Art und Weise der Methodik ist zu erläutern. Die Vorgaben nach Vollständigkeit, Begründetheit und Nachvollziehbarkeit sind minutiös zu erfüllen[106]. Als gängige Verfahren finden das Vergleichswertverfahren, das Ertragswertverfahren - teilweise als abgewandeltes Discounted Cashflow-Verfahren - und das Sachwertverfahren Anwendung[107].

Die Besonderheit des deutschen Bewertungssystems, gegenüber einer Reihe von europäischen Staaten, liegt in dem Bestehen von besonderen Gutachterausschüssen. Diese an die öffentlichen Verwaltungen angegliederten Einrichtungen erhalten, auf Grund gesetzli-

---

104 Nähere Informationen zur Zertifizierung sind unter http://www.bdvi.de/europa/tegova/tegova.htm erhältlich.
105 Vgl. TEGoVA; EVS 2003; Standard 2: Der qualifizierte Gutachter; S. 12-20.
106 Siehe u. a. Anlage 1; VII.
107 Vgl. TEGoVA; EVS 2003; S.262-271. Siehe auch White et al; Internationale Bewertungsverfahren für das Investment in Immobilien; S 42-64.

cher Vorschriften, die notariellen Kaufverträge aller in Deutschland umgesetzten Immobilien. Die dort niedergelegten Immobilienwerte (Kaufpreise) werden nach Objektart aufgegliedert und in einer Datenbank für Verkehrswerte kategorisiert und katalogisiert. Das dort hinterlegte Datenmaterial wird jedes Jahr zu einem Immobilienmarktbericht zusammengefasst und in Form eines Marktberichtes der interessierten Öffentlichkeit zugänglich gemacht. Die im Marktbericht festgehaltenen Daten stehen somit auch den Gutachtern als Vergleichswerte zur Verfügung und können somit bei der Verkehrswertermittlung als Indikationen dienen[108].

Zur zusammenfassenden Darstellung des deutschen Bewertungssystems soll das folgende Schaubild dienen:

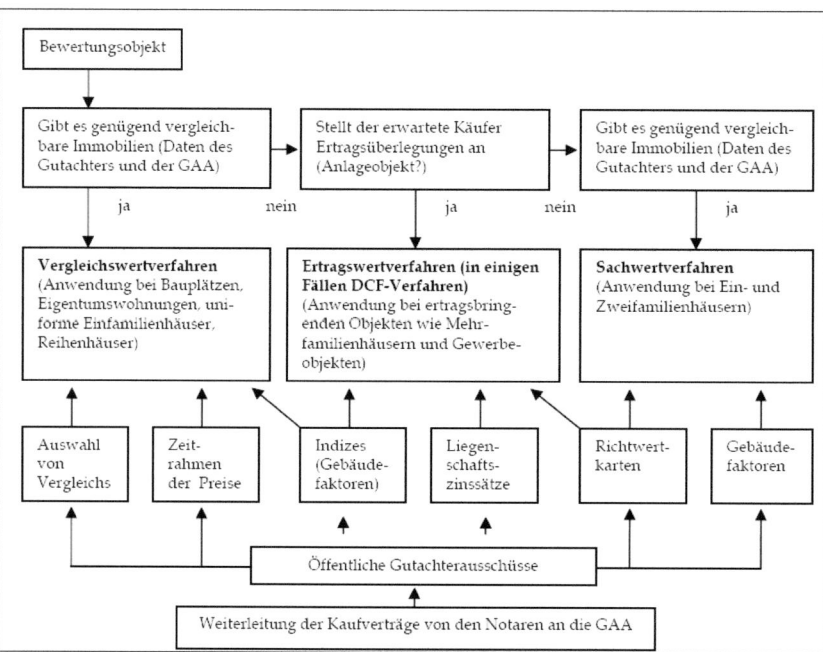

Abbildung 4: Das deutsche System der Verkehrswertermittlung[109]

---

[108] Siehe hierzu z.B. Ausführungen und Marktberichte des Oberen Gutachterausschusses für das Land Nordrhein-Westfalen; unter http://www.gutachterausschuss.nrw.de/oga.html.
[109] In Anlehnung an TEGoVA; S. 267.

2.3.2. Vorgaben und nationale Wertermittlungsvorschriften in Italien

Die Immobilienbewertung in Italien hat, trotz Ihrer langjährigen Tradition, keine spezifisch festgesetzten Bewertungsverfahren aufzuweisen. Im Unterschied zu den ausgeprägten deutschen Regelungen bestehen keine rechtlich bindenden Vorschriften in der Methodik der Immobilienbewertung. Dies gilt analog für die Qualifikation der Gutachter. Die Ernennung von Gutachtern erfolgt durch Gerichte und sonstige öffentliche Institutionen, ohne dass sich Gutachter, im Vorfeld ihrer Ernennung, einer offiziellen Prüfung zu unterwerfen haben. Rechtsquellen, vergleichbar mit dem deutschen Recht, bestehen nicht. Mittlerweile wird von Regierungsseite angestrebt, allgemeingültige Bewertungsstandards zu schaffen. Die nationale Standardisierungsbehörde (UNI) hat sich dieser Aufgabe angenommen[110].

Die Bewertungsmethoden des Ertrags-, Sach-, und Vergleichswertes – analog der European Valuation Standards - sind in Italien bekannt und werden dort auch zu Bewertungszwecken herangezogen. Eine Anwendung der Standards scheitert jedoch regelmäßig. Grund hierfür ist das Fehlen einer, z.B. mit dem deutschen Rechtsraum vergleichbaren Datenbasis (Kaufpreissammlungen, Datensammlung bezüglich der örtlichen Miet-/ Pachteinnahmen). Der Ertragswertansatz wird im investiven Bereich angewendet. Die Problematik liegt in der traditionell bedingten Ansatzweise der Bruttoeinkünfte von Immobilien. Damit besteht ein Problem in der Vergleichbarkeit zu den in anderen Staaten ermittelten Werten, die sich auf eine Nettobetrachtung - unter Abzug von Bewirtschaftungskosten - berufen. Eine zwingende Vorschrift zur Anwendung einer bestimmten Wertermittlungsmethode besteht nicht[111].

In 1998 wurden durch das „Collegio Ingegneri e Architetti" Regeln für die Immobilienbewertung veröffentlicht. Diese werden jedoch regional unterschiedlich ausgelegt. Eine ausreichende Transparenz für die örtlich anzuwendenden Verfahren ist nicht gegeben[112].

---

[110] Vgl. TEGoVA; EVS 2003; S. 273-275.

[111] Vgl. ebd.; S. 273-275.

[112] Vgl. ebd.; S. 273-275. Siehe auch Collegio Ingegneri e Architetti Milano: http://www.collegioingegneriarchitettimilano.it/formazione.htm.

2.3.3. Vorgaben und nationale Wertermittlungsvorschriften in Großbritannien

In Großbritannien bestehen verpflichtende nationale Bewertungsstandards und Leitlinien[113] („Appraisal and Valuation Manual" / „Red Book"). Die Bewertungsvorgaben sind vom Umfang her vergleichbar mit den deutschen Vorschriften. Im Unterschied zu dem in Deutschland genutzten Ertragswertansatz für gewerbliche Immobilien wird in Großbritannien eine modifizierte Vergleichswertmethode genutzt. Der Miet- / Pachtwert wird mit marktüblichen Mieten und Pachten vergleichbarer Immobilien geschätzt und kapitalisiert[114].

Den Gutachtern in Großbritannien wird keine staatliche Zulassung abverlangt. In der Regel sind die Gutachter in der Royal Institution of Chartered Surveyors organisiert. Das RICS veröffentlicht die vorgeschriebenen Bewertungsverfahren in dem sog. RICS Code of Measuring Practise[115].

2.3.4. Vorgaben und nationale Wertermittlungsvorschriften in Norwegen

In Norwegen werden die Begrifflichkeiten an den EVS 2003 ausgerichtet. Die Qualifizierung von Gutachtern ist in Norwegen bis heute jedoch noch nicht gesetzlich verankert worden. Ebenso werden von der rechtlichen Seite keine formellen Anforderungen an die Gutachten gestellt. Die Bewertungsmethoden des Ertragswertes werden hauptsächlich bei gewerblichen Objekten angewandt. Die Vergleichswertmethode findet Anwendung bei sämtlichen wohnwirtschaftlich genutzten Immobilien.[116]

2.3.5. Vorgaben der European Valuation Standards

Die European Valuation Standards stellen die seitens der TEGoVA erarbeiteten Standards zur Immobilienbewertung und der Qualifikation von Gutachtern dar. Die TEGoVA befasst sich dabei mit der

---

[113] Nach TEGoVA; EVS 2003; S. 297-300.
[114] Vgl. Royal Institue of Chartered Surveyors; „Red Book" unter http://www.rics.org/.
[115] Vgl. TEGoVA; EVS 2003; S. 297-298.
[116] Vgl. ebd.; S. 283-285.

Harmonisierung der vorherrschenden Standards und Methoden, unter Berücksichtigung der länderspezifischen, wirtschaftlichen, rechtlichen und steuerlichen Gegebenheiten[117]. Die European Valuation Standards stellen dabei in Ihrer Fassung aus 2003[118] dem sog. „Blue Book" einen Versuch dar -insbesondere für Grundbesitzungen aller Art - eindeutige Normen zu entwickeln, die unter Berücksichtigung der europäischen Richtlinien zu eindeutigen, verbindlichen Vorgaben im gesamten europäischen Raum führen sollen.

Der vorläufige Erfolg der EVS zeigt sich darin, dass die maßgeblichen Kriterien durch Staaten, die bis zum Zeitpunkt der Veröffentlichung der EVS noch nicht über ein eigenes Bewertungssystem verfügten, angenommen werden. So sind Griechenland, Litauen und auch Russland dazu übergegangen die Standards der TEGoVA zu adaptieren[119].

2.4. Wirtschaftliche Rahmenbedingungen

2.4.1. Der Marktpreis als Verkaufspreis

Die Höhe der Feststellung des Marktpreises wird in der begutachteten Form, im Rahmen eines Verkaufsgespräches, interessierten Käufern zugänglich gemacht. Folglich ist die Beeinflussung des Preises aus Verkäufersicht gewünscht, um durch den mittels des Gutachtens gerechtfertigten Wert einen höheren Verkaufspreis zu erzielen. An dieser Stelle ist auf die fachliche und moralische Qualifikation von Gutachtern ein besonderes Augenmerk zu richten. Wohlwollende Wertschätzungen können einen überhöhten Kaufpreis provozieren[120].

---

[117] Vgl. TEGoVA; EVS 2003; S.1-26.
[118] Die Fassung der EVS 2005 ist derzeit nur in französischer Sprache erhältlich. Zur Einblicknahme lag diese Fassung bis zum Ende der Bearbeitungsfrist nicht vor.
[119] Vgl. TEGoVA; EVS 2003; S. 271-273; S. 275-278; S. 290-291.
[120] Vgl. ebd. S.11-20.

2.4.2. Der Marktpreis als bilanzieller Wert – unter Berücksichtigung einer Kreditvergabe und den Vorgaben nach Basel II

Für eine Kreditvergabe ist der Wert eines Objektes grundsätzlich unter zwei Gesichtspunkten zu betrachten. Zum einen wird über den ermittelten Wert der sog. Beleihungswert[121] ermittelt, der die Höhe der sicherheitentechnischen Unterlegung eines Kredites darstellt. Die Unterlegung des Kredites durch grundpfandrechtliche Sicherheiten und die Bonität des Kreditnehmers bestimmen die Höhe der Eigenkapitalunterlegung seitens des Kreditinstitutes. Die Höhe der Eigenkapitalunterlegung und die Höhe der Wertigkeit der grundpfandrechtlichen Sicherheit bestimmen im Wesentlichen die Kosten des Kredites aus Sicht eines Kreditgebers und folglich die resultierende Kondition für den Kreditnehmer. Die Auswirkungen dieses sog. Real-Kredit Splittings sind ausschlaggebend für die Höhe eines Hypothekenkredites und die Kosten von Finanzierungsmitteln[122].

Zum anderen ist der fair value mit seinen Auswirkungen auf die Eigenkapitalquote, dem Verhältnis von Objektwert zum eingesetzten Kredit (loan to value), ein maßgebliches Kriterium zur Bestimmung der wirtschaftlichen Situation einer Unternehmung und damit ebenfalls maßgeblich für eine Ratingeinschätzung seitens der Gläubiger. Die Ratingeinschätzung und damit die Bestimmung des Risikos einer Kreditvergabe wirken sich daher deutlich auf die Refinanzierung einer Unternehmung aus[123]. Gerade bei Unternehmen, die einen hohen Bestand an Investmentimmobilien halten, ist daher ein möglichst hoher fair value essentiell für eine kostengünstige Re-

---

[121] Der Beleihungswert stellt den value at risk dar. Zur näheren Definition siehe § 12 Pfandbriefgesetz.

[122] Vgl. VÖB Bundesverband Öffentlicher Banken Deutschlands; Interpretationshilfen für die Umsetzung von Basel II, Behandlung grundpfandrechtlich besicherter Kredite; 05/2005; unter www.voeb.de/content_frame/downloads/pu_kredit.pdf.

[123] Siehe hierzu Bundesverband Deutscher Banken (2006); Bankenbericht Juni 2006; S. 68-72; unter http://www.bankenverband.de/broschueren/ index.asp?channel=10241010#b.

finanzierung[124]. Daher liegt es im Interesse einer Unternehmung, möglichst hohe Bewertungen zu erzielen.

2.4.3. Anforderungen an ein Verkehrswertgutachten und an die Gutachter

Zwischen den wirtschaftlichen Interessen eines Objektinhabers, einem potentiellen Käufer oder einem Unternehmen mit einem Bestand an Investmentimmobilien wird gegenüber den Gläubigern ein Spannungsfeld aus den in den Abschnitten 2.4.1 und 2.4.2 bereits vorgestellten Gründen erzeugt. In diesem Spannungsfeld wird daher ein Interessensausgleich erforderlich.

Die potentiellen Käufer und Gläubiger wünschen sich eine faire Bewertung der Objekte, um auch eine möglichst realistische Einschätzung des Wertes in Bezug auf eine mögliche Folgeverwertung zu erhalten. Ein zu hoher Preis kann bei einem Wiederverkauf erhebliche Verluste auslösen. Naturgemäß widerspricht eine zu ungünstige Beurteilung der Vermögensgegenstände den Interessen des Verkäufers und der Unternehmen, die sich über den Ausweis eines entsprechenden Vermögens ein gutes Rating attestieren möchten, um an günstigen Refinanzierungsmöglichkeiten zu partizipieren[125].

Dieses Spannungsfeld soll durch rechtliche Vorschriften, Wertermittlungsrichtlinien und moralisch gefestigte Sachverständige ausgeglichen werden. TEGoVA empfiehlt hier die Orientierung an gleichwertigen Standards, z.B. den EVS 2003, um die Ansprüche ausgleichen und sämtliche Interessen angemessen berücksichtigen zu können[126].

---

[124] Zur Systematik von Immobilienratings und der Bewertung von Immobilienfonds siehe: Moodys (Ratingagentur): http://www.moodys.com/moodys/cust/research/MDCdocs/20/ 2002000000432250.pdf.

[125] Siehe hierzu: Sparkasse Bremen; Basel II & Rating unter http://www.sparkasse- bremen.de/firmenkunden/ct_fk_rating.html#Was%20Basel%20II%20für%20Sie; Stand 2004.

[126] Vgl. Einleitung zu den EVS 2003 in TEGoVA; EVS 2003; Abschnitte XII – XVI und Standard 2; S. 11-20.

3. Erläuterung der Bewertungsmethoden für eine Fair Value Beurteilung eines als Investmentimmobilie zu kategorisierenden Objekts

3.1. Vergleichswertermittlung

3.1.1. Beschreibung des Vergleichswertverfahrens

Das Vergleichswertverfahren wird zur Bewertung unbebauter Grundstücke, homogener Reihenhäuser und Eigentumswohnungen genutzt. In Deutschland ist dieses Verfahren in der Wertermittlungsverordnung[127] normiert.

Beim Vergleichswertverfahren werden zur Bewertung von Grundstücken und Immobilien Kaufpreise von Objekten herangezogen, die in Ihrer Lage, den Ausstattungsmerkmalen, der Größe und weiteren wertbestimmenden Faktoren nahezu übereinstimmen[128]. Die Werte sind über Datenbanken, in Deutschland insbesondere über Gutachterausschüsse, zu erhalten. Unterschiede zum Benchmarkobjekt werden durch Zu- oder Abschläge honoriert. Anzumerken ist das gerade dieses Verfahren einen Vergleich von Immobilienwerten und dadurch die treffende Bestimmung des Marktpreises[129].

Lt. Simon führt dieses Verfahren unmittelbar zu einem der „Marktsituation" angemessenen Verkehrswert, da eben diese Situation in den „(zeitnahen) Kaufpreisen" berücksichtigt wird.[130]

---

[127] Vgl. WertV2002 §§13-14.
[128] Siehe hierzu Anhang; Anlage 1; S. XII.
[129] Vgl. Kröll; Profi-Methoden; Vergleichswertverfahren; S.1-11; unter
www.immobilienbewertung-online.de/pdf/vergleichswertverfahren.pdf
[130] Siehe Simon / Reinhold; Wertermittlung von Grundstücken; S. 60.

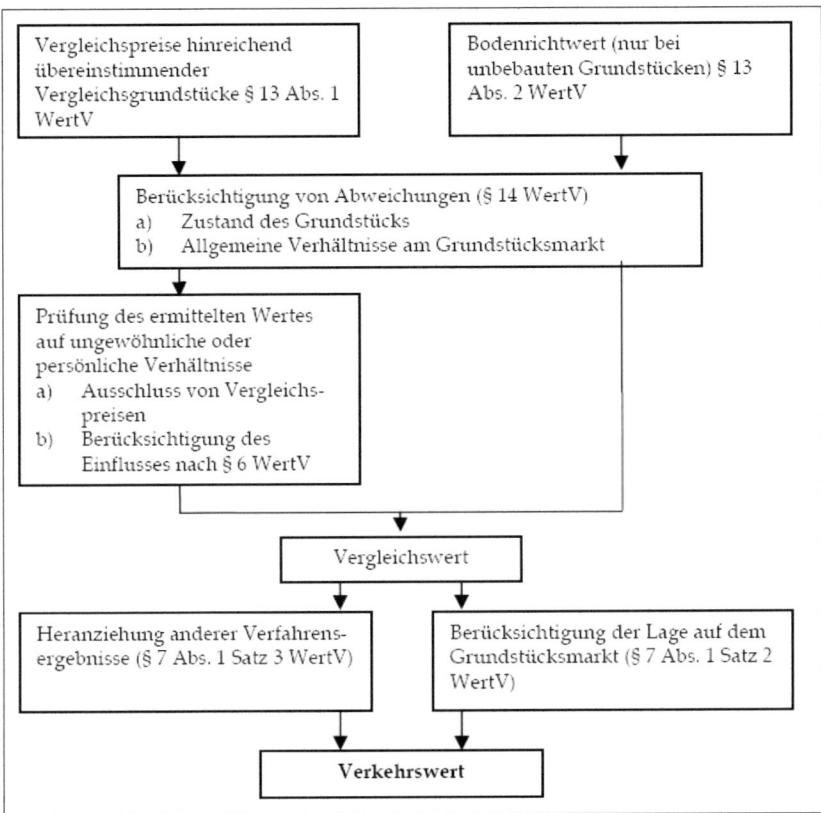

Abbildung 5: Schema zur Berechnung des Verkehrswertes nach dem Vergleichswertverfahren[131]

3.1.2. Berechnungsbeispiel anhand eines Grundstückes

Zur Verdeutlichung der Verkehrswertberechung soll die nachstehende - vereinfachte - Beispielsberechnung dienen:

Prämissen:

Grundstück in Essen, Stadtteil Holsterhausen, Pettenkofer Straße, Größe: 600 qm, Straßenfront 30 m, Tiefe 20 m, gleichmäßiger Zuschnitt, Baulasten und Kontaminationen bestehen nicht, keine Be-

---

131 Vgl.: Fachhochschule Neubrandenburg: http://www.fh-nb.de/vermes sung/lehre/fach/vtr2/bauleitplanung___ bodenwirtscha/wertermittlung/ vergleichs wertermittlung/vergleichswertermittlung.html. Siehe auch Simon/Reinhold; Wertermittlung von Grundstücken; S. 60-63.

einträchtigungen und wertmindernde Rechte Dritter im Grundbuch eingetragen, Bodenrichtwert gemäß Bodenrichtwertesystem[132] € 360 qm, Grundstück ist gegenwärtig am Markt nachgefragt

Der Wert des Grundstückes ermittelt sich somit aus der Multiplikation des Bodenwertes gem. des Bodenrichtwertesystems und der Grundstücksgröße.

$$360 \text{ € } / qm * 600 \text{ } qm = 216.000,00 \text{ €}$$

Der Verkehrswert kann somit mit einem Wert von 216.000,00 € angenommen werden.

3.1.3. Kritische Würdigung

Voraussetzung für die Anwendung des Vergleichswertverfahrens ist das Bestehen aussagekräftiger Datenbanken, in denen geeignete Benchmarkobjekte kategorisiert wurden. Dafür ist auch ein bestimmter Marktumsatz unabdingbar. In wenig fungiblen Märkten, in denen nur sehr wenige Objekte verkauft werden, ist dieses Verfahren nicht anwendbar – da keine regelmäßige Prüfung der Preise durch den Markt erfolgt. Eine weitere Problematik stellen ggfs. abweichende Beschaffenheitsmerkmale und dessen Bewertung dar[133]. Um eine ausreichende Vergleichbarkeit herzustellen, ist die Ermittlung von Indexreihen oder Umrechnungskoeffizienten erforderlich. Die Folgen einer Anpassung der Vergleichswerte senkt jedoch in jedem Fall die Aussagefähigkeit des Vergleichswertverfahrens[134], da häufig die subjektive Meinung eines Gutachters Einfluss auf die Wertermittlung nimmt.

Zusammenfassend ist anzumerken, dass sich die Anwendung dieses Verfahrens lediglich für einfachere Objekte eignet. Ein weit gefächerter Einsatz scheitert häufig an den fehlenden Kaufpreissammlungen[135].

---

[132] Vgl. Gutachterausschuss für das Land NRW; unter www.boris.nrw.de/.

[133] Vgl. TEGoVA; EVS 2003; S. 319.

[134] Vgl. u.a. TEGoVA; S. 319-321.

[136] Vgl. Essler / Seidel: Bilanzierung; Bewertung von Immobilien aus Betriebswirtschaftliche Mandantenbetreuung April 2003, S. 97-98; unter www.orcf.de/downloads/0304_Bewertung_Immobilien.pdf. Siehe auch Abbildung 5; S. 33.

3.2. Sachwertverfahren

3.2.1. Beschreibung des Sachwertverfahrens

Das Sachwertverfahren wird zur Bewertung für die durch den Inhaber selbstgenutzten Objekte, bzw. zur Selbstnutzung geeignete Immobilien - üblicherweise Ein- und Zweifamilienhäuser - herangezogen[136]. Dieses Verfahren stellt eine Variante des „Depreciated-Replacement-Cost"- Verfahrens, unter Berücksichtigung der Altersabschreibung, dar. Bei dieser Methode werden zunächst die Bodenwerte mittels des Vergleichswertverfahrens ermittelt.

Der reine Gebäudewert wird aus der Größe der nach DIN 277[137] zu bestimmenden Bruttogrundfläche zu den statistisch festgelegten Normalherstellungskosten, zzgl. der Kosten des Architekten und des Statikers, multipliziert mit einem den Ausstattungsmerkmalen gerechten Baupreisindex, ermittelt.

Von diesem sog. Herstellungswert werden Wertminderungen auf Grund des Alters und wegen wertbeeinflussender Faktoren subtrahiert. Zusammen mit dem Wert der Außenanlagen (z.B. für Grundstückseinfriedungen) und dem vorab ermittelten Bodenwert ergibt sich der Sachwert des Grundstücks. Die derzeitige Lage am Immobilienmarkt wird durch Zu- oder Abschläge berücksichtigt. Durch Erhöhung oder Verminderung des Sachwertes ergibt sich der Marktwert[138].

---

[136] Vgl. TEGoVA; S. 329-333.
[137] Vgl. Deutsches Institut für Normung e.V.; DIN 277 unter http://www.din.de.
[138] Vgl. TEGoVA; EVS 2003; S. 328-335. Siehe auch WertV 2002 §§ 21-25.

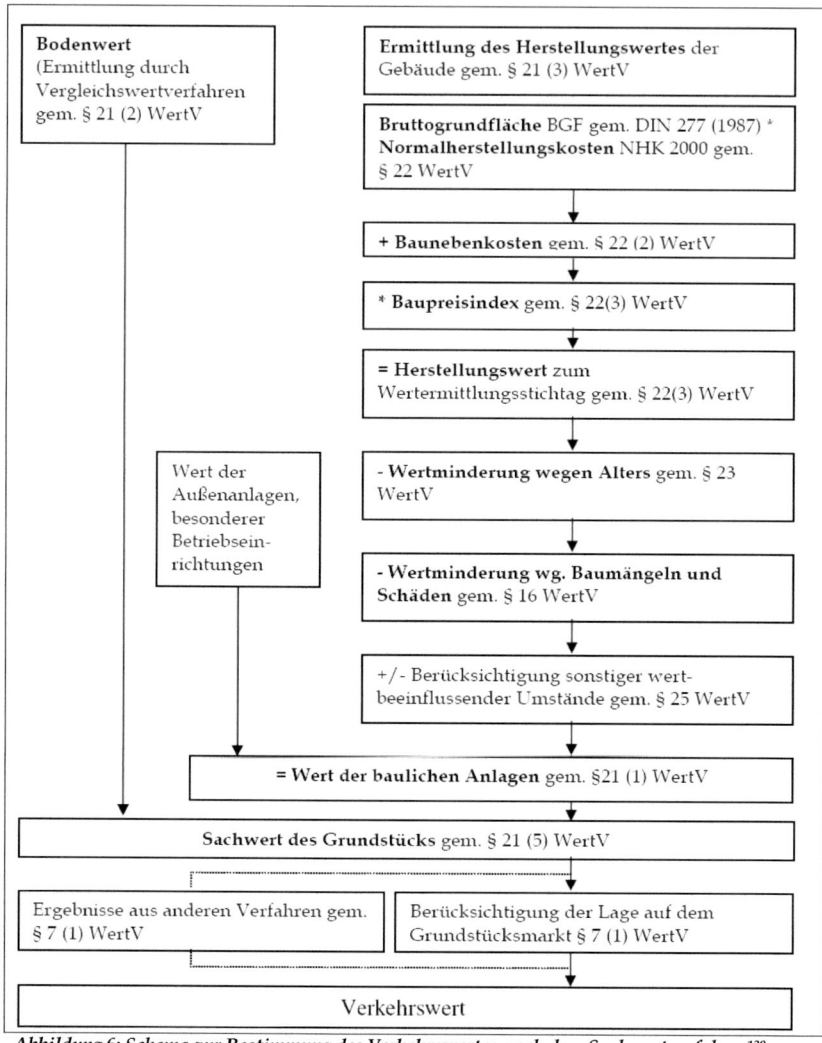

Abbildung 6: Schema zur Bestimmung des Verkehrswertes nach dem Sachwertverfahren[139]

---

[139] Vgl. Fachhochschule Neubrandenburg: http://www.fh-nb.de/vermes
sung/lehre/fach/vtr2/bauleitplanung___ bodenwirtscha/werter-
mittlung/sachwertermittlung/sachwertermittlung.html.

3.2.2. Berechnungsbeispiel des Marktwertes mittels des Sachwertverfahrens am Beispiel eines Mietwohnhauses

Zur Verdeutlichung der Verkehrswertberechnung soll das sich anschließende - vereinfachte - Beispiel dienen.

Prämissen:

Mehrfamilienhaus, Essen, 8 Wohneinheiten, Baujahr um 1900, Wiederaufbau 1945-1950, Modernisierung 1995-2000, keine Altlasten, kein Denkmalschutz, keine grundbuchlichen Einschränkungen, Wärmedämmung (Stand der Technik), Grundrissgestaltung: baujahrtypisch, normaler baulicher Zustand, angenommener Bodenrichtwert 360 € / qm, Lage normal, Grundstücksgröße 400 qm, Kubatur 2.000 cbm, Wert angenommen: 250 € je cbm, 8 Garagenstellplätze.

	Grundstücksgröße * Wert je m²	
Bodenwert	400 m² * 360 €/m²	144.000,00 €
	Größe * Wert je m³ = Neuwert	abzgl. AfA/Zeitwert
Bauwert	2.000m³ * 250 € = 500.000,00 €	(35 %) - 125.000,00 = 325.000,00
Außenanlagen	4% des Bauwertes	13.000,00 €
Baunebenkosten	12% des Bauwertes	39.000,00 €
Garagenstellplätze Pauschal 5.000,00 €	8 * 5.000,00 € = 40.000,00 €	(35 %) - 14.000,00 = 26.000,00
Gesamte Baukosten		403.000,00
Sachwert (Verkehrswert)		**547.000,00**

Tabelle 2: Sachwertberechnung für ein Mehrfamilienhaus[140]

3.2.3. Kritische Würdigung

Die Problematik des Sachwertverfahrens besteht zunächst in der Anwendung des Vergleichswertverfahrens für den Bodenanteil eines Objektes. Auf den Punkt 3.1.3 wird verwiesen. Problematisch und teilweise nicht nachvollziehbar erweist sich die Anpassung der

---

[140] Eigendarstellung.

ermittelten Grundstücks- und Gebäudewerte an die jeweilige Marktlage gem. § 7 WertV[141]. Das hier beschriebene Sachwertverfahren ist insbesondere auf deutsche Verhältnisse zugeschnitten. Der auf Basis der von den Gutachterausschüssen vorgegebene Bodenrichtwert und die auf der Grundlage von Vergleichszahlen ermittelten Gebäudekosten werden anschließend noch mit einem Index - festgestellt nach Einschätzung des zuständigen Gutachterausschusses - multipliziert. Somit ist das Ergebnis weitestgehend auf Vergleichswerte abgestellt[142]. Das aber löst eine vergleichbare Problematik, analog zum Vergleichswertverfahren, aus.

Eine Lösung kann hier nur in der Orientierung an den ursprünglichen Herstellungskosten und den ggfs. inzwischen erfolgten „Revitalisierungen" zum Erhalt des Objektes liegen. Die Problematik, dass die zu bewertende Immobilie nicht mehr der heutigen Baukunst entspricht und daher in der jetzigen Form nicht mehr erbaut werden kann oder darf, lässt es nicht zu, dass eine Bewertung auf Ist-kostenbasis vorgenommen werden kann. Hier sind möglichst die Kosten eines möglichst „gleichwertigen Ersatzes" zu ermitteln[143].

3.3. Ermittlung des Verkehrswertes durch das Ertragswertverfahren

3.3.1. Begriffsabgrenzungen / Erläuterung des Ertragswertverfahrens

In der Immobilienbewertung nimmt das deutsche Ertragswertverfahren eine Sonderstellung ein. Zentrale Begriffe des Ertragswertverfahrens sind die Begriffe des „Liegenschaftszinssatzes", des „Rohertrages" einer Immobilie, die „Bewirtschaftungskosten" sowie der „Reinertrag" der Immobilien[144].Der Liegenschaftszinssatz wird zur Ermittlung des Bodenertrages eines Grundstückes benötigt. Dieser Zinssatz wird durch die örtlichen Gutachterausschuss auf Basis

---

[141] Vgl. WertV § 7.

[142] Anmerkung des Autors: Dieser Vergleich mag sicherlich eine Arbeitserleichterung darstellen um bei der Bewertung von Immobilien Ausschläge bei der Bewertungshöhe zu eliminieren. Auf der anderen Seite besteht die Gefahr, dass durch diese Vereinfachung eine unabhängige Einschätzung der Wertigkeiten ausbleibt.

[143] Vgl. TEGoVA; EVS 2003; S. 329.

[144] Vgl. Simon / Reinhold; S. 64-71. Siehe auch WertV 2002; §§ 15-20.

des Ertrages, der Restnutzungsdauer, den Betriebskosten und den Verkaufspreisen vergleichbarer Objekte, ermittelt. Der Liegenschaftszinssatz die Kapitalverzinsung eines Investments widerspiegelt[145]. Der Anteil des Risikoanteils variiert nach der Lage und Art des Objektes. Je höher der Zinssatz, desto problematischer stellt sich ein Investment dar. So liegt der Liegenschaftszinssatz für gewerbliche Objekte regelmäßig über dem für wohnwirtschaftliche Einheiten[146].

Der Rohertrag eines Objektes ergibt sich aus der Summe der jährlichen Nettomieten und der ergänzenden Einnahmen (z.B. für Einnahmen aus Werbeflächen, Funkantennen) einer Gebäudeeinheit. Dabei kann sich der Rohertrag auf die tatsächlichen Mieteinnahmen als auch auf die marktüblichen Vergleichsmieten für vergleichbare Objekte beziehen. Um zum Reinertrag eines Objektes zu gelangen, ist die Reduzierung des Rohertrages um die Bewirtschaftungskosten eines Objektes erforderlich. Die Bewirtschaftungskosten setzen sich aus dem objekttypischen Mietausfallwagnis, der nicht umlegbaren Betriebskosten, den Verwaltungskosten des Objektes, der notwendigen regelmäßigen Instandhaltungsaufwendungen sowie ggfs. den Ansätzen für ausgebliebene Renovierungsmaßnahmen zusammen. Der Reinertrag bildet folglich die Differenz zwischen dem Rohertrag und den Bewirtschaftungskosten[147].

Das Ertragswertverfahren findet regelmäßig Anwendung bei ertragsorientierten Objekten. Dazu werden Gewerbeobjekte sowie Mietobjekte, insbesondere Mehrfamilienhäuser gezählt. Die Ermittlung des Ertragswertes erfolgt in einem zweistufigen Verfahren. Bei einem bebauten Grundstück werden der Bodenanteil und der Gebäudeanteil des Ertragswertes separat ermittelt und anschließend addiert. Dabei sind für das Gebäude wertbeeinflussende Umstände (z.B. Instandhaltungsstau) gesondert zu berücksichtigen. Grundsätzlich ist neben einer Ertragswertermittlung auch eine Berechnung des Sachwertes - gutachterseitig - durchzuführen. Sollte ein Gutachter hier erhebliche Differenzen zu der Ertragswertermittlung feststellen, ist der niedrigere Wert, ggfs. der Sachwert, festzustellen. Die

---

[145] Vgl. Essler / Seidel; S. 98.
[146] Vgl. ebd.; S. 64-71
[147] Vgl. Simon / Reinhold; S. 64-71.

Begründung hierfür kann, z.B. bei einem mängelbehafteten Objekt, in der fehlenden Nachhaltigkeit der Mieteinnahmen bestehen[148].

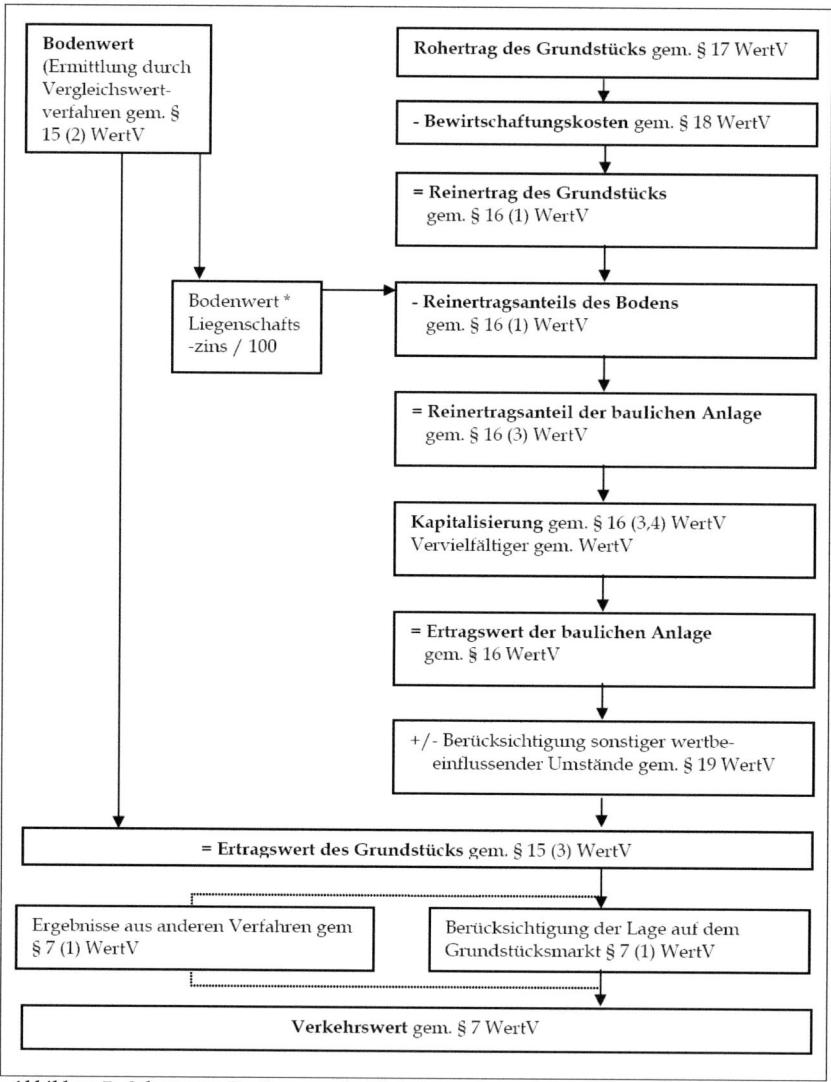

Abbildung 7: Schema zur Bestimmung des Verkehrswertes nach dem Ertragswertverfahren[149]

---

[148] Vgl. Simon / Reinhold; S. 64-71. Siehe auch TEGoVA; EVS 2003; Standards 1.37-1.49; S. 322-323.

3.3.2. Berechnungsbeispiel zum Marktwert mittels des Ertragswertverfahrens anhand eines Mietwohnhauses

Prämissen (analog Punkt 3.1.2):

Mehrfamilienhaus, Essen, 8 Wohneinheiten, Baujahr um 1900, Wiederaufbau 1945-1950, Modernisierung 1995-2000, keine Altlasten, kein Denkmalschutz, keine grundbuchlichen Einschränkungen, Wärmedämmung (Stand der Technik), Grundrissgestaltung: baujahrtypisch, normaler baulicher Zustand, angenommener Bodenrichtwert 360 € / qm, Lage normal, Grundstücksgröße 400 qm, Kubatur 2.000 cbm beispielhaft, Wert angenommen 250 € je cbm, 8 Garagenstellplätze.

Zusätzliche Information:

- ortsübliche Nettomieteinnahmen für die Wohneinheiten in Höhe von EUR 5,50 je qm
- Wohnfläche 400 m²
- Liegenschaftszinssatz 6,70 %
- Restnutzungsdauer des Objektes von 30 Jahren
- Vervielfältiger nach Gutachterausschuss: 12,79

---

[149] Fachhochschule Neubrandenburg: http://www.fhnb.de/vermessung/lehre/fach/vtr2/bauleitplanung___bodenwirtscha/wertermittlung/ertragswer termittlung/ertragswertermittlung.html.

	Größe * Wert je m²	Ergebnis
Bodenwert	400m² * 360 €/m²	144.000,00 €
Ertragswert des Objektes (ohne Garagenansatz)		
Monatsrohertrag	400 * 5,50 €	2.200,00 €
Jahresrohertrag	12 * 2.200,00 €	26.400,00 €
Bewirtschaftungskosten p.a. (Annahme)	Mietausfallwagnis = 5 % Betriebskosten (ohne Umlage) = 1% Verwaltungskosten = 7,80% Instandhaltung = 15,60% Gesamt: 29,40%	29,40% = 761,60 € p.a.
Abzüglich Bodenverzinsung	144.000,00 € * 6,70%	9.648,00 €
Jahresreinertrag		8.990,40 €
Ertragswert	8.990,40 € * 12,79	114.987,22 €
Zzgl. Bodenwert		144.000,00 €
Gesamt – Ertragswert (Verkehrswert)		258.987,22 €

Tabelle 3: Ertragswertberechnung am Beispiel eines Mehrfamilienhauses[150]

3.3.3. Kritische Würdigung

Diese Form der zweistufigen Ertragswertberechnung kommt zu vergleichbaren Ergebnissen wie die in anderen Staaten der EU angewandten Methoden - welche in der Regel den Gebäudeertragswert und den Bodenertrag nicht separat voneinander bestimmen. Bei einer Unterschreitung der Restnutzungsdauer unter 30 Jahre, erhöhen sich die Abstände der ermittelten Werte deutlich. Bei einer Unterschreitung der Restnutzungsdauer von 10 Jahren und weniger ist die Berücksichtigung von etwaigen Abrisskosten vom Grundstückswert vorzunehmen, um die wesentlichen Unterschiede ausreichend abzugelten[151].

Die Betrachtung von nur einer Bewertungsperiode ermöglicht keine Betrachtung eines längeren Entwicklungsverlaufes. Staffelmieten- und ggfs. prognostizierte Mieten, künftige Renovierungen lassen

---

[150] Eigendarstellung
[151] Vgl. TEGoVA; EVS 2003; S. 268-270.

sich nicht in die Bewertung einbinden. Wie Essler und Seidler an-
führen unterliegt die „Beschaffung der bewertungsrelevanten Daten
(…) wegen der regelmäßig intransparenten Datenlage auf dem Immobilienmarkt erheblichen Unsicherheiten."[152] Auch die Ableitung
der Liegenschaftszinssätze, die Ermittlung einer Restnutzungsdauer
- die lediglich auf Basis der Istwerte ohne künftige Modernisierun-
gen und Instandsetzungen - geschätzt werden kann, unterliegen
entsprechenden Spielräumen. Auch ist es häufig nicht möglich in
wenig fungiblen Märkten auf eine ausreichende Datenbasis zurück-
zugreifen. Auch in der Datenbasis, die sich auf Vergangenheitswerte
beruft liegt ein entsprechendes Risiko, da künftige Entwicklungen
nicht berücksichtigt werden können. Dadurch unterliegt ein zwar
rechtlich normiertes Verfahren einer ganzen Reihe von Unsicherheiten, die die Qualität einer Ertragswertermittlung und folglich auch
den mittels dieses Verfahrens ermittelten Wert erheblich beeinflus-
sen können[153].

3.4. Das DCF-Verfahren

3.4.1. Verfahren zur Ermittlung des Discounted Cash-Flows / Be-schreibung / Begriffabrgrenzung

Das DCF-Verfahren ist ein international anerkanntes Verfahren.
Insbesondere in Großbritannien und in Amerika nimmt es einen
hohen Stellenwert in der Bewertung von Investments - auch im Im-
mobiliensektor – ein. Diese Berechnungsform hat ihren Ursprung im
Umfeld von Unternehmensbewertungen[154].

Das Verfahren wird oft von großen Investitionsbanken, Beraterfir-
men und Wirtschaftsprüfern eingesetzt, um die Investitionsent-
scheidung bei Immobilien - durch ein erhöhtes Maß an Vergleichbarkeit - zu erleichtern. Dabei gibt es eine ganze Reihe von DCF-
Methoden und Varianten, die der Ermittlung der Barwerte dienen[155]. Im folgenden wird eine Methode beschrieben, die unter-

---

152 Vgl. Essler / Seidler; S. 99.
153 Vgl. ebd.; S. 99, Siehe auch: TEGoVA; EVS 2003; S. 268-271.
154 Zum Konzept der DCF-Bewertung siehe Wirth; Firmenwertbilanzierung
nach IFRS; S.11-51. Siehe auch: Bundesministerium für Wirtschaft und Technologie; http://www.nexxt.org/themenundtexte/unternehmenswert/00051
/index.php.
155 Vgl. White / Turner et al.; S. 95 – 120.

schiedlicher Wertsteigerungen und davon differierende Kostensätze berücksichtigen kann.

Die DCF-Methoden ermöglichen die Bestimmung des zukünftigen Wertes der Investition bereits zu einem bestimmten Stichtag. Dabei wird die Renditeerwartung bereits auf den zukünftigen Verkaufspreis prognostiziert. Diese Prognose dient schließlich als Grundlage der gesamten Discounted-Cash-Flow-Rechnung[156].

Diese auch unter dem Begriff des Barwertverfahrens bekannte Bewertungsmethode wird vorwiegend bei ertragsorientierten Immobilien (z.B. Mietobjekten und gewerblich genutzten Objekten) eingesetzt. Der sich aus einer Immobilie ergebende Saldo von Einnahmen und Ausgaben wird als „Cash-Flow" bezeichnet. Über einen frei zu wählenden Zeitraum[157] werden die Jahrescashflows addiert, auf den Bewertungsstichtag abdiskontiert und anschließend als Summe der einzelnen Barwerte ermittelt. Der Abzinsungssatz ist ein Zinssatz, der dem gegenwärtigen Marktzinssatz von Gegenständen eines vergleichbaren Risikos entspricht[158]. Dieser Zins soll eine ausreichende Vergütung für den Investor darstellen. Die Problematik liegt hier in der adäquaten Bestimmung des Zinssatzes, da sowohl der zu bewertende Gegenstand - hier die Immobilie - in seiner Beschaffenheit und Lage von vergleichbaren Objekten differieren kann.

Nach Wagenhofer ist der anzuwendende Zinssatz „unabhängig von der Kapitalstruktur des Unternehmens und der vorgenommenen Finanzierung des betreffenden Gegenstandes."[159] Wagenhofer beschreibt die Schätzung der prognostizierten Cashflows in zwei Phasen. So soll in einer ersten Phase (max. 5 Jahre) die Berechnung der Cashflows auf Basis interner Planrechnungen erfolgen. In einer zweiten Phase sollen die künftigen Cashflows aus diesen Informationen „extrapoliert"[160] werden, wobei „eine gleich bleibende oder rückläufige Wachstumsrate zugrunde gelegt werden muss."[161]

---

[156] Vgl. Ruhnke S. 432-436.

[157] Anmerkung: Die Literatur legt hier in der Regel Zeiträume zwischen 8 bis 15 Jahren zugrunde.

[158] Vgl. Wagenhofer; S. 168.

[159] Siehe ebd.; S. 169.

[160] Vgl. Wagenhofer; S. 170.

[161] Vgl. ebd.; S. 170.

Ruhnke stellt an dieser Stelle einen traditionellen Ansatz (traditional approach) und einen prognostizierten Ansatz (expected cash flow approach) vor. Der traditionelle Ansatz geht von einer Einpreisung der Beeinflussung der Einzel-Cashflows und der Berücksichtigung des Risikos in den Abzinsungssätzen aus. Dieser Ansatz sei insbesondere dann anzuwenden, wenn ein vertraglich zugesicherter Cashflow (z.B. vertraglich festgelegte Mieteinnahmen) einkalkuliert werden kann[162].

Im sog. expected cash flow approach werden unterschiedliche "Cashflow-Scenarien geplant und die den prognostizierten Szenarien zugehörigen, diskontierten Zahlungsströme - mit Ihrer jeweiligen Eintrittswahrscheinlichkeit - gewichtet."[163]

3.4.2. Berechnungsbeispiel zur Ermittlung des Marktwertes mittels des DCF-Verfahrens anhand eines Bürogebäudes mit drei Mieteinheiten[164]

1.) Mieten	
Vermietbare Fläche	10.000 m²
Mieter A	
Mietfläche	1.000,00 m²
Miete p.a. (fest vereinbart)	120 € /m²
Mieter B	
Mietfläche	5.000,00 m²
Miete p.a. (jährliche Inflationsanpassung)	110 € / m²
Mieter C	
Mietfläche	4.000,00 m²
Miete p.a. (Staffelmiete, jährliche Anpassung um 10.000,00 €)	115 € / m²

Fortsetzung auf der nächsten Seite.

---

162 Vgl. Ruhnke S. 433. Siehe auch IAS 36.A5.
163 Vgl. ebd.; S. 433. Zu den weiteren Ansätzen und zur Erläuterung des Abzinsungssatzes siehe Ruhnke; S. 434-437.
164 Rechenbeispiel in Anlehnung an Holzner / Renner, S. 485.

2.) Bewertungsparameter	
Verwaltungskosten	2,0%
Betriebskosten (nicht umlagefähig)	3,0 %
Mietausfallwagnis	2,0 %
Instandhaltungskosten	6,0 %
Inflationsrate	1,5 %
Verkaufsmultiplikator	14-fache
Verkaufsnebenkosten	2,0 %
Rechenzinssatz (Internal Rate of Return)	7,5 %
Zur Ermittlung des Verkehrswertes soll die Summe der jährlichen Einzelbarwerte bis zum 14. Nutzungsjahr errechnet werden. Ein Verkauf nach dem 14. Jahr wird unterstellt.	

Tabelle 4: Prämissen für die beispielhafte Berechnung des Marktwertes nach der Discounted Cashflow Methode

Jahr	1	2	3	4	5
Nettokaltmieten (TEUR)					
Mieter A	120,00	120,00	120,00	20,00	120,00
Mieter B	550,00	558,25	566,62	75,12	583,75
Mieter C	460,00	470,00	480,00	490,00	500,00
Grundstücksrohertrag (TEUR)	1.130,00	1.148,25	1.166,62	1.185,12	1.203,75
./. Mietausfall	22,60	22,97	23,33	23,70	24,07
./. Betriebskosten	33,90	34,45	35,00	35,55	36,11
./. Verwaltungskosen	22,60	22,97	23,33	23,70	24,07
./. Instandhaltungskosten	67,80	68,90	70,00	71,11	72,22
Reinertrag (TEUR)	983,10	998,98	1.014,96	1.031,06	1.047,26
Bruttoverkaufserlös (14-fach)					
Verkaufsnebenkosten					
Nettoverkaufserlös					
Total Cash-Flow (TEUR)	983,10	998,98	1.014,96	1.031,06	1.047,26
Abzinsungsfaktor[165] (%)	0,93	0,87	0,80	0,75	0,70
Barwert (TEUR)	914,51	864,45	817,00	772,06	729,48

---

[165] Die Abzinsungsfaktoren wurden nach der zweiten Stelle gekürzt. Die vollständige Darstellung der Faktoren ist in Olfert; Finanzierung; S. 379-383 abgebildet. Zur grundsätzlichen Darstellung der Barwertberechnung siehe Anhang; Anlage 4; Seite XV.

Jahr	6	7	8	9	10
Nettokaltmieten (TEUR)					
Mieter A	120,00	120,00	120,00	120,00	120,00
Mieter B	592,51	601,39	610,41	619,57	628,86
Mieter C	510,00	520,00	530,00	540,00	550,00
Grundstücksrohertrag (TEUR)	1.222,51	1.241,39	1.260,41	1.279,57	1.298,86
./. Mietausfall	24,45	24,83	25,21	25,59	25,98
./. Betriebskosten	36,68	37,24	37,81	38,39	38,97
./. Verwaltungskosen	24,45	24,83	25,21	25,59	25,98
./. Instandhaltungskosten	73,35	74,48	75,62	76,77	77,93
Reinertrag (TEUR)	1.063,58	1.080,01	1.096,56	1.113,23	1.130,01
Bruttoverkaufserlös (14-fach)					15.820,17
Verkaufsnebenkosten					316,40
Nettoverkaufserlös					15.503,77
Total Cash-Flow (TEUR)	1.063,58	1.080,01	1.096,56	1.113,23	1.130,01
Abzinsungsfaktor (%)	0,65	0,60	0,56	0,52	0,49
Barwert (TEUR)	689,16	650,98	614,84	580,64	553,70
Summe aller Barwerte nach 14 Jahren / Verkehrswert auf Barwertbasis: TEUR 7.186,82					

Tabelle 5: Berechnung des Marktwertes nach der Aufgabenstellung unter Tabelle 4.

3.4.3. Kritische Würdigung

Die Vorteilhaftigkeit der hier genutzten DCF-Berechnung liegt in der Ausweisung eines ausdrücklichen Cashflows für jedes Jahr der Berechnung[166]. Prognostizierte Änderungen werden in die Berechnungen aufgenommen. Die DCF-Methode ist derzeit ein noch überwiegend in der Unternehmensbewertung zur Analyse von Investitionsentscheidungen eingesetztes Verfahren. Die Vorteilhaftigkeit ggü. dem Ertragswertverfahren, dass ausschließlich vergangenheitsorientierte Werte berücksichtigt, liegt in der Möglichkeit erwartete Entwicklungen einzupreisen.[167] Der Diskontierungssatz kann als Äquivalent für eine Rendite von alternativen Anlagen gesehen werden. Somit wird ein Vergleich unter verschieden Anlageformen ermöglicht.[168] Diese dynamische Möglichkeit der Einpreisung von

---

[166] Vgl. White/Turner et. al.; S. 132, 133. Siehe auch TEGoVA; EVS 2003; Richtlinien 7.19-7.29; S. 202-207.
[167] Vgl. Holzner S. 487.
[168] Vgl. Essler/Seidler; S. 100.

Entwicklungen auf der Einnahmen- und Ausnahmenseite begünstigen eine marktgerechte Darstellung der Objektwerte. Die Darstellung ermöglicht die Berücksichtigung außerordentlicher Aufwendungen - z.B. bedingt durch Renovierungsmaßnahmen[169]. Das daraus resultierende Hauptproblem ist der Ansatz der Rechenzinssätze und deren Herleitung für spezielle Objekte. Die Vergleichsdatenbanken sind noch nicht mit entsprechenden Objekten gefüllt, wie dies etwa für die Bereitstellung von Liegenschaftszinssätzen der Gutachterausschüsse gilt.[170] Aus diesem Grund spiegelt sich häufig eine subjektive Sichtweise einzelner Bewerter - hinsichtlich der Marktentwicklung und der Rendite im gesamten Werteverlauf - wieder. Die teilweise fehlende Objektivität und Akzeptanz der angesetzten Prognosen zur Wertentwicklung sowie die Gefahr der intensiven Nutzung von Ermessensspielräumen stellen Risiken dieses Verfahrens dar. Renner verweist darauf „dass das Ergebnis jeder Berechnung nur so gut ist wie seine Eingangsgrößen."[171] Da die Planungen eines „traditional" und „expected approach" einigen Unsicherheiten unterliegen, kann dieses Verfahren grundsätzlich nicht ohne entsprechende Erläuterungen und die Angabe von Vergleichswerten (z.B. Angabe der fortgeführten Anschaffungs- oder Herstellungskosten) auskommen. Dies ist sicherlich eine Begründung dafür dass sich das DCF-Verfahren im kontinentalen Europa noch nicht durchgesetzt hat. Es ist jedoch zu erwarten, dass dieses Verfahren, auf Grund der Globalisierungstendenzen der Immobilienmärkte, als zusätzliche Methode eingesetzt wird, um bei Renditeobjekten auch den internationalen Kapitalmarktinteressen Rechnung zu tragen.

---

[169] Vgl. Essler/Seidler; S. 487.
[170] Vgl. Tegova S.
[171] Vgl. Holzner S. 487.

4. Praxisbeispiel anhand einer als Finanzanlage genutzten Immobilie

4.1. Aufgabenstellung

In der Folge soll anhand eines Praxisbeispiels untersucht werden, in welchem Maße sich die unterschiedlichen Wertermittlungsverfahren auf den zu ermittelten Verkehrswert auswirken. Dazu werden anhand eines typischen Renditeobjektes, welches die Kriterien einer nach IAS 40 gehaltenen Investitionsimmobilie erfüllt, sämtliche Bewertungsansätze im Rahmen einer Folgebeurteilung zum fair value durchgeführt und tabellarisch gegenübergestellt. Angenommen wird hierbei, dass sich das betreffende Objekt bereits ein Jahr im Bestand des bilanzierenden Unternehmens befindet. Um die erheblichen Abweichungen, bei Anwendung der DCF-Berechnung, unter Berücksichtigung sich verändernder Prämissen darzustellen, sollen dies an drei Varianten aufgezeigt werden.

Nach der rechnerischen Ermittlung der Verkehrswerte werden die auf diesem Wege ermittelten Kennzahlen in eine typisierte IFRS - Strukturbilanz eingebracht. Anhand beispielhafter Kennziffern werden in der Folge die unterschiedlichen Auswirkungen der Verkehrswertberechnungen dargelegt und gedeutet.

Immobilientyp:	Hallen- und Bürogebäude zu Produktionszwecken
Baulasten / Altlastenverdacht:	Keine / nicht gegeben
Ort:	Bergisch Gladbach
Lage:	Industriegebiet mit guter Verkehrsanbindung
Baujahre:	1991/1992 / Anbau einer Halle in 2002
Drittverwendung:	Gegeben
Baumängel- und schäden	Keine / nur übliche Gebrauchsspuren
Bodenrichtwert:	40 € / m²
Grundstücksgröße:	10.000 m²
Einheiten	

Fortsetzung auf der nächsten Seite.

Lagerhalle (Kubus / Fläche):	12.000 m³ / 1.000 m²
Bürotrakt (Kubus / Fläche):	2.500 m³ / 500 m²
Produktionshalle 1 (Kubus / Fläche):	5.000 m³ / 1.250 m²
Produktionshalle 2 (Kubus / Fläche):	7.500 m³ / 2.500 m²
Technikbereich (Kubus / Fläche):	2.500 m³ / 500 m²
Besondere Bauteile / Überdachung:	500 m²
Stellplätze:	40 Stück
Rechenzinssatz / DCF-Verfahren	10,00 %
Objekt selbstgenutzt	Keine Mietanpassung

Variation: Im Rahmen der Berechnung des Fair Values nach der DCF-Methode soll in einer Vergleichsvariante eine Mietsteigerung von jährlich 10,00 % - bei gleich bleibenden Bewirtschaftungskosten für sämtliche Objektteile berücksichtigt werden. Der Rechenzinssatz soll in dieser Variante unverändert bleiben. In einer dritten Variante soll der Rechenzins auf 5 % reduziert werden.

Tabelle 6: Vorgaben für die nachfolgenden Berechnungen der Verkehrswerte nach dem Vergleichswert-, dem Sachwert- und dem Ertragswertverfahren sowie der Discounted Cashflow Methode[172]

Die vorstehenden Angaben der Tabelle 6 stellen Eigenschaften einer fiktiven Gewerbeanlage dar. Die Fakten wurden auf die maßgeblich wertbildenden Merkmale reduziert. Der Immobilientyp und die verschiedenen Betriebseinheiten weisen darauf hin, dass es sich bei dem zu betrachtenden Objekt um eine Produktionsstätte handelt. Der Hinweis auf die gute Verkehrslage, den nicht vorliegenden Altlastenverdacht sowie ein ordentlicher Instandhaltungszustand - keine Bauschäden und Baumängel - sowie das Alter der Anlage sollen verdeutlichen, dass es sich um ein solides Objekt in - für gewerbliche Zwecke - geeigneter Lage handelt. Die für die Produktion erforderliche Anbindung an entsprechende Verkehrswege ermöglicht die erforderliche Anlieferung von Grundstoffen zur Produktion und eine zeitnahe Weiterleitung der Erzeugnisse. Die Angaben zur Grundstücksgröße, der Kubatur, die Nutzflächen und die Anzahl der Stellplätze dienen als Rechenfaktor zur Vornahme der Werter-

---

[172] Eigendarstellung.

mittlung. Die Werte bzw. Preise, die diesen Rechenfaktoren zu-
geordnet werden – ausgenommen ist hiervon der Bodenrichtwert
für gewerbliche Grundstücke, sind in den Berechnungen der Abschnitte 4.2.1 – 4.2.4 separat aufgeführt. Diese Preise orientieren sich
vorwiegend an Aussagen des ortsansässigen Gutachterausschusses
sowie den Angaben vergleichbarer Wertgutachten.

Die Variierung der fiktiven DCF-Rechenzinssätze sowie der prognostizierten Miete soll in Abschnitt 4.2.4 die Differenzierung der
sich aus der Rechnung ergebenden Verkehrswerte ermöglichen.

4.2. Durchführung der Berechnungen

4.2.1. Ermittlung des Verkehrswertes durch das Vergleichswert-Verfahren

	Größe (Fläche in m²) / Anzahl	Vergleichs-werte in €[173]	Wert
Bodenwert	10.000	40	400.000 €
Gebäudewert			
Lagerhalle	1.000	540	540.000 €
Bürotrakt	500	920	460.000 €
Produktionshalle 1	1.250	550	687.500 €
Produktionshalle 2	2.500	650	1.625.000 €
Technikbereich	500	450	225.000 €
Überdachung	500	50	25.000 €
Stellplätze	40	2.000	80.000 €
Verkehrswert			4.042.500 €

Tabelle 7: Ermittlung des Verkehrswertes nach dem Vergleichswertverfahren gem. den Vorgaben der Tabelle 6[174]

---

[173] Die Vergleichswerte können in der Regel bei örtlich zuständigen Gutachterausschüssen erfragt werden. Als Grundlage für eine Wertermittlung dienen
grundsätzlich auch Bauzeichnungen, Architektenberechnungen, Bebauungs-
pläne, Mietverträge und etwaige Bodengutachten.
[174] Eigendarstellung.

Das Vergleichswertverfahren ordnet einer entsprechenden Objekteinheit und dem Grundstück einen entsprechenden Wert zu. Die Summe aus Boden- und Gebäudewert bilden den Verkehrswert des Objektes. Zur Berechnung nach dem Vergleichswertverfahren wird auf Abschnitt 3.1 verwiesen. Auf Grund der in diesem Beispiel angenommenen vollständigen Übereinstimmung mit den Wertigkeiten vergleichbarer Objekte ist auf eine zu – oder abschlägige Indexierung zu verzichten.

4.2.2. Ermittlung des Verkehrswertes durch das Sachwertverfahren

Bodenwert

	Größe (Fläche in m²) / Anzahl	Vergleichswerte in €	Wert in €
Bodenwert	10.000	40	400.000

Tabelle 8: Ermittlung des Bodenwertes gem. den Vorgaben der Tabelle 6

Der Bodenwert wird analog des vorhergehenden Abschnittes durch die Multiplikation der Grundstücksgröße mit dem Bodenrichtwert bestimmt.

Bauwert

Bezeichnung	Masse	m²/m³	Einheit (EUR)	Neuwert	AfA (%)	Baujahr	Zeitwert (EUR)
Lagerhalle	12.000	m³	55	660.000	5	2002	627.000
Bürotrakt	2.500	m³	180	450.000	15	1992	382.500
Produktionshalle 1	5.000	m³	110	550.000	15	1992	467.500
Produktionshalle 2	7.500	m³	240	1.800.000	5	1992	1.710.000
Technikbereich	2.500	m³	120	300.000	15	1992	255.000
Überdachung	500	m²	60	30.000	15	1992	25.500
Stellplätze	40	Stk.	2.000	80.000			80.000
Reine Baukosten (Basiskosten)				3.870.000	12,57		3.383.541
Außenanlagen u. Erschließung (5 % der Basiskosten)				193.500	12,57		169.177

Fortsetzung auf der nächsten Seite.

Baukosten	4.063.500	12,57		3.552.718
Baunebenkosten 10 % aus Baukosten	406.350			355.272
Bauwert	4.469.850	12,57		3.907.990
Sicherheitsabschlag (20% aus Bauwert)				781.598
Bauwert nach Sicherheitsabschlag				3.126.392

Tabelle 9: Ermittlung des Bauwertes gem. den Vorgaben der Tabelle 6[175]

Bei der oben stehenden Sachwertberechnung für den Gebäudeteil wird zunächst der Neuwert der einzelnen Einheiten durch die Multiplikation des Rechenwertes – hier Masse (gleichzusetzen mit dem Begriff Kubatur) – ermittelt. Durch den Abzug der altersbedingten AfA wird der Zeitwert des Objektes bestimmt. Die Addierung mit den Werten der Außenanlage und die Erschließungskosten des Gebäudes ergeben den Wert der Baukosten. Für die bisher noch nicht berücksichtigten Baunebenkosten (z.B. für die Erstellung der Statik, der Bauplanung) wird ein 10-%iger Aufschlag berechnet. Unter Abzug eines typischen Sicherheitsabschlages wird der für die Verkehrswertermittlung maßgebliche Bauwert ermittelt.

Verkehrswert

Bodenwert	400.000 €
Bauwert nach Sicherheitsabschlag	3.126.392 €
Verkehrswert	**3.526.392 €**

Tabelle 10: Addition der Werte aus den Tabellen 8 und 9 zur Bestimmung des Verkehrswertes[176]

Bei dem Sachwertverfahren wird durch die Addition des Bau- und des Bodenwertes - analog zum Vergleichswertverfahren - der Verkehrswert ermittelt.

---

[175] Eigendarstellung; auf die Berechnungssystematik der Abbildung 5 wird verwiesen.
[176] Eigendarstellung.

4.2.3. Ermittlung des Verkehrswertes durch das Ertragswertverfahren

Bezeichnung	Fläche/ Stück	m²/m³	Miete (EUR/m²/ Stück)	Monatsroher- trag (EUR)
Lagerhalle	1.000	m²	4,00	4.000
Bürotrakt	500	m²	6,00	3.000
Produktionshalle 1	1.250	m²	3,50	4.375
Produktionshalle 2	2.500	m²	4,50	11.250
Technikbereich	500	m²	3,50	1.750
Überdachung	500	m²	0,50	250
Stellplätze	40	St.	10	400
Monatsrohertrag (gesamt)				25.025
Jahresrohertrag (Monatsrohertrag *12)				300.300
Bewirtschaftungskosten p.a.				
Mietausfallwagnis (7%)				21.021
Betriebskosten –nicht umlagefähig- (1%)				3.003
Verwaltungskosten (3 %)				9.009
Instandhaltung (10%)				30.030
Bewirtschaftungskosten gesamt				63.063
Abzüglich Bodenverzinsung (6,8% auf 400.000 €) Bodenwert aus Tabelle 10				27.200
Jahresreinertrag				210.037
Ertragswert / Restnutzungsdauer 37 Jahre / Verzinsung 7,00 % / Vervielfältiger 13,12				2.755.685
Bodenwert				400.000
Gesamt-Ertragswert (Verkehrswert)				3.155.685

Tabelle 11: Ermittlung des Verkehrswertes nach dem Ertragswertverfahren gem. den Vorgaben der Tabelle 6[177]

Zur Ermittlung der in Tabelle 11 aufgeführten Werte werden zunächst die Objektflächen mit den ortsüblichen Mieten multipliziert. Der sich ergebende Monatsrohertrag wird dann zunächst auf einen

---

[177] Eigendarstellung.

Jahreswert berechnet (Faktor 12). Unter Abzug der gebäudetypischen Bewirtschaftungskosten und der Bodenverzinsung ergibt sich der Reinertrag. Der Gebäudereinertrag wird für den von einem Gutachterausschuss vorgegebenen Vervielfältiger - der unter Berücksichtigung der Restnutzungsdauer und dem Liegenschaftszins ermittelt wird - multipliziert. Der sich ergebende Ertragswert, addiert um den nach dem Vergleichswertverfahren ermittelten Bodenwert, ergibt den Verkehrswert der gesamten Immobilie.

4.2.4. Ermittlung des Verkehrswertes durch das DCF-Verfahren[178]

Zur Darstellung des Discounted Cash-Flows soll in der ersten Variante, ein auf die Laufzeit gesehen, gleich bleibender Mietertrag zu Grunde gelegt werden. In der Abgrenzung wird in einer zweiten Variante eine jährliche, 10-%ige Mietsteigerung berücksichtigt werden.

4.2.4.1. Variante I zur Ermittlung des Verkehrswertes mittels DCF-Verfahren

Bezeichnung	Fläche / Stück	m²/m³	Miete (EUR/m²/Stück)	Monatsrohertrag (EUR)
Lagerhalle	1.000	m²	4,00	4.000
Bürotrakt	500	m²	6,00	3.000
Produktionshalle 1	1.250	m²	3,50	4.375
Produktionshalle 2	2.500	m²	4,50	11.250
Technikbereich	500	m²	3,50	1.750
Überdachung	500	m²	0,50	250
Stellplätze	40	St.	10	400
Monatsrohertrag (gesamt)				25.025
Jahresrohertrag (Monatsrohertrag *12)				300.300

Fortsetzung auf der nächsten Seite.

---

[178] Zur Erläuterung dieser dynamischen Investitionsrechnung wird auf Olfert; Finanzierung; S. 84-90, verwiesen. Siehe auch: IDW; Entwurf IDW Stellungnahme zur Rechnungslegung: Bewertung bei der Abbildung von Unternehmenserwerben und bei der Werthaltigkeitsprüfung nach IFRS (IDW ERS HFA 16); Stand: 14. Oktober 2004) unter: https://idw.de/idw/generator/property=Inhalt/id=373946.pdf.

Bewirtschaftungskosten p.a.	
Mietausfallwagnis (7%)	21.021
Betriebskosten –nicht umlagefähig- (1%)	3.003
Verwaltungskosten (3 %)	9.009
Instandhaltung (10%)	30.030
Bewirtschaftungskosten gesamt	63.063
Jahresreinertrag (Cashflow p.a.)	237.237
Bruttoverkaufserlös (14-fach)	3.321.318
Nettoverkaufserlös (nach 3% Verkaufsnebenkosten)	3.221.679
Verkehrswert als Summe der Barwert/ auf eine Dauer von 14 Jahren kalkuliert/ Barwertwertfaktor: 9,898641 (Variante I)[179]	2.348.324

Tabelle 12: Ermittlung des Verkehrswertes nach dem DCF-Verfahren gem. den Vorgaben der Tabelle 6 (Variante I)[180]

4.2.4.2. Varianten II + III zur Ermittlung des Verkehrswertes nach dem DCF-Verfahren

Jahr	1	2	3	4	5	6	7
Jahresrohertrag in TEUR (Gesamtobjekt)	300,3[181]	330,33	363,36	399,7	439,67	483,63	532
./. Mietausfall (7%)[182]	21,02	21,02	21,02	21,02	21,02	21,02	21,02
./. Betriebskosten (1%)	3,00	3,00	3,00	3,00	3,00	3,00	3,00
./. Verwaltungskosten (3%)	9,01	9,01	9,01	9,01	9,01	9,01	9,01
./. Instandhaltungskosten (10%)	30,03	30,03	30,03	30,03	30,03	30,03	30,03
Reinertrag = Jahresrohertrag - Bewirtschaftungskosten	237,24	267,27	300,33	336,67	376,61	420,57	478,94
Total Cash-Flow (kumuliert)	237,24	504,51	804,84	1.141,51	1.518,12	1.938,69	2.417,63

Fortsetzung auf der nächsten Seite.

---

[179] Zur Berechnung siehe Anlage Nr. 4; Seite 74.
[180] Eigendarstellung.
[181] Der Jahresrohertrag wurde der Berechnung nach Variante 1 entnommen. Aus Übersichtsgründen wurde hier die Darstellung in der Recheneinheit TEUR gewählt.
[182] Gem. Aufgabenstellung beziehen sich die Bewirtschaftungskosten auf den Wert des Jahres 1 und verändern sich in den Folgejahren nicht.

Abzinsungsfaktor bei 10% Rechenzins[183]	0,91	0,83	0,75	0,68	0,62	0,56	0,51
Barwert Variante II	**215,89**	**221,83**	**225,25**	**228,93**	**233,5**	**235,52**	**244,26**
Summe der Barwerte Variante II	**215,89**	**437,72**	**662,97**	**891,90**	**1.125,40**	**1.360,92**	**1.605,18**
Abzinsungsfaktor bei 5% Rechenzins	0,95	0,91	0,86	0,82	0,78	0,75	0,71
Barwert Variante III	**225,38**	**243,22**	**258,28**	**276,07**	**293,76**	**315,43**	**340,05**
Summe der Barwerte Variante III	**225,38**	**468,60**	**726,88**	**1.002,95**	**1.296,71**	**1.612,14**	**1.952,19**
Jahr	**8**	**9**	**10**	**11**	**12**	**13**	**14**
Jahresrohertrag in TEUR (Gesamtobjekt)	585,20	643,72	708,09	778,90	856,79	942,47	1.036,72
./. Mietausfall	21,02	21,02	21,02	21,02	21,02	21,02	21,02
./. Betriebskosten	3,00	3,00	3,00	3,00	3,00	3,00	3,00
./. Verwaltungskosen	9,01	9,01	9,01	9,01	9,01	9,01	9,01
./. Instandhaltungskosten	30,03	30,03	30,03	30,03	30,03	30,03	30,03
Reinertrag = Jahresrohertrag - Bewirtschaftungskosten	**522,14**	**580,66**	**645,03**	**715,84**	**793,73**	**879,41**	**973,66**
Total Cash-Flow (kumuliert)	**2.939,77**	**3.520,43**	**4.165,46**	**4.881,30**	**5.675,03**	**6.554,44**	**7.528,10**
Abzinsungsfaktor bei 10% Rechenzins[184]	0,47	0,42	0,39	0,35	0,32	0,29	0,26
Barwert Variante II	**245,41**	**243,88**	**251,56**	**250,54**	**253,99**	**255,03**	**253,15**
Summe der Barwerte Variante II	**1.850,59**	**2.094,47**	**2.346,03**	**2.371,57**	**2.625,56**	**2.880,59**	**3.133,74**
Abzinsungsfaktor bei 5% Rechenzins	0,68	0,64	0,61	0,58	0,56	0,53	0,51
Barwert Variante III	**355,06**	**371,62**	**393,47**	**415,19**	**444,49**	**466,09**	**496,57**
Summe der Barwerte Variante III	**2.307,25**	**2.678,87**	**3.072,34**	**3.487,53**	**3.932,02**	**4.398,11**	**4.894,68**
Bruttoverkaufserlös (14-fach Reinertrag)	TEUR 3.321,36						
Verkehrswert – 14 jährige Kalkulationsdauer unterstellt (Variante II) / (Variante III)	TEUR 3.133,74 / TEUR 4.894,68						

Tabelle 13: Ermittlung des Verkehrswertes nach dem DCF-Verfahren gem. den Vorgaben der Tabelle 6 (Varianten II und III)[185]

---

[183] Die Abzinsungsfaktoren wurden nach der zweiten Stelle gekürzt. Die vollständige Darstellung ist in Olfert; Finanzierung; S. 379-383 abgebildet.

[184] Die Abzinsungsfaktoren wurden nach der zweiten Stelle gekürzt. Die vollständige Darstellung ist in Olfert; Finanzierung; S. 379-383 abgebildet.

Erläuterung:

Bei der obenstehenden DCF-Berechnung wird zunächst eine Ermittlung der Erträge analog zum Ertragswertverfahren vorgenommen. Der aus den Mieteinnahmen abgeleitete Rohertrag wird, unter Abzug der Bewirtschaftungskosten, zum Reinertrag berechnet. Wie die Berechnung der Variante II zeigt, werden die einzelnen Reinertrag mit dem Diskontierungssatz zum Barwert berechnet.

Die Barwertberechnung soll durch die Abzinsung den tatsächlichen Wert der zugeflossenen Mittel, unter Berücksichtigung einer Zukunftsprognose (Varianten II und III: Mietsteigerung in Höhe von 10% p.a.), bestimmen. Die Summe der Einzelbarwerte (hier Berechnung für 14 Jahre) bildet den nach dem DCF-Berechnung ermittelten Verkehrswert.

4.3. Auswertung der Ergebnisse

4.3.1. Darstellung einer typisierten Strukturbilanz

Die folgend erstellte Strukturbilanz (S. 59) zeigt ein Unternehmen, dessen Vermögen aus einem nicht näher definierten Umlaufvermögen mit einer Wertigkeit von EUR 1.000.000 und der unter Tabelle 6 dargestellten Investmentimmobilie (bewertet zum fair value gem. der Vorgaben des IAS 40 für Investmentvermögen) besteht. Die Werte des Anlagevermögens variieren in Abhängigkeit der ausgewählten Bewertungsmethode. Das eingesetzte Fremdkapital zum Bewertungszeitpunkt zeigt sich bei allen 4 Methoden in gleicher Höhe. Zu berücksichtigen ist, dass - rein formell - in der IFRS-Bilanz, bei einer Abweichung von der Erstbewertung, eine entsprechende Neubewertungsrücklage zu bilden ist. Die vereinfachte Strukturbilanz dient lediglich der objektiven Darstellung und Gegenüberstellung der Vermögenspositionen aus Sicht eines Analysten. Somit ist die Neubewertungsrücklage (revaluation surplus), die auf der Aktivseite als Zuschreibung zu kennzeichnen ist und auf der Passivseite der Bilanz als Neubewertungsrücklage ausgewiesen wird, zwar bilanziell neutralisiert, ein Analyst würde jedoch diese Positionen vor dem Hintergrund der Erstellung einer Strukturbilanz in einem gesteigerten Objektwert (Aktivseite) und somit einem hö-

---

[185] Eigendarstellung.

heren Ausweis des bilanziellen Eigenkapitals auf der Passivseite berücksichtigen.

Im Rahmen der Analyse eines Jahresabschlusses, hat ein Kreditanalyst die bilanziellen Werte in eine Strukturbilanz einzufügen. Diese aufbereiteten Werte werden - insbesondere zur Vornahme eines maschinellen Ratings - in ein strukturiertes Erfassungssystem eingepflegt und dann um die nicht werthaltigen Positionen bereinigt[186].

Die unter Ziffer 1.) gefassten Werte stellen die Ergebnisse der fair value Berechnung nach dem Vergleichswertverfahren – der vereinfachten Form des Sachwertverfahrens - dar. Die Ergebnisse unter Ziffer 2.) Berücksichtigen die nach dem Sachwert berechneten Werte. Ziffer 3.) berücksichtigt die über das Ertragswertverfahren ermittelten Verkehrswerte. Unter Ziffer 4.) wird die Immobilienwert nach den Variationen I-III der DCF-Berechnung abgebildet.

Aktiva	Passiva
Anlagevermögen	*Kapital*
1.) Bewertung zum Vergleichswert: EUR 4.042.500	1.) Eigenkapital: EUR 3.042.500
2.) Bewertung zum Sachwert: EUR 3.126.392	2.) Eigenkapital: EUR 2.126.392
3.) Bewertung zum Ertragswert: EUR 3.155.685	3.) Eigenkapital: EUR 2.155.685
4.) Bewertung zum Discounted-Cashflow: Variante I (ohne Mieterhöhung): **EUR 2.348.324** Bewertung zum Discounted-Cashflow Variante II (mit Mieterhöhung): **EUR 3.133.740**	4.) Eigenkapital Variante I: EUR 1.348.324 Variante II: EUR 2.133.740

Fortsetzung auf der nächsten Seite.

---

[186] Siehe hierzu: Hüttche; Internationale Bilanzanalyse: Bleibt alles anders? In Betriebs-Berater; 60. Jg., S. 148 Zu den Ansätzen der Erstellung einer Strukturbilanz nach den IFRS siehe Coenenberg, Internationalisierung der Rechnungslegung und ihre Auswirkungen auf die Analyse der Vermögens- und Finanzlage von Kapitalgesellschaften; S. 190.

Bewertung zum Discounted-Cashflow Variante III (mit Mieterhöhung und mit einem auf 5% reduzierten Rechenzins): **EUR 4.894.680**	Variante III: EUR 3.894.680
Aktiva	**Passiva**
Umlaufvermögen	*Verbindlichkeiten (langfristig)*
EUR 1.000.000,00	EUR 2.000.000,00
Bilanzsumme:	**Bilanzsumme:**
1.) EUR 5.042.500	1.) EUR 5.042.500
2.) EUR 4.126.392	2.) EUR 4.126.392
3.) EUR 4.155.685	3.) EUR 4.155.685
4.) Variante I: EUR 3.348.324	4.) Variante I: EUR 3.348.324
Variante II: EUR 4.133.740	Variante II: EUR 4.133.740
Variante III: EUR 5.894.680	Variante III: EUR 5.894.680

Tabelle 14: Typisierte IFRS-Strukturbilanz[187]

---

[187] Eigendarstellung.

4.3.2. Darstellung typischer Bilanzkennziffern und der Risikokennziffer „Loan to Value"

Loan to Value

	Vergleichs-wertmethode	Sachwert-methode	Ertragswert-methode	
Verkehrswert[188]	4.042.500	3.126.392	3.155.685	
Bilanzsumme	5.042.500	4.126.392	4.155.685	
Fremdkapital	2.000.000	2.000.000	2.000.000	
Eigenkapital	3.042.500	2.126.392	2.155.685	
Eigenkapital-quote[189]	60,34 %	51,53 %	51,87 %	
Fremdkapital-quote	39,66 %	48,47 %	48,13 %	
Deckungsgrad 1	75,26 %	68,01 %	68,31 %	
Deckungsgrad 2	124,74 %	131,99%	131,69 %	
loan to value	49,47 %	63,97 %	63,38 %	
	DCF-Methode (Variante I)	DCF-Methode (Variante II)	DCF-Methode (Variante III)	Mittelwert (aus sämtlichen Methode und Varianten)
Verkehrswert[190]	2.348.324	3.133.740	4.894.680	3.450.220
Bilanzsumme	3.348.324	4.133.740	5.894.680	4.450.220
Fremdkapital	2.000.000	2.000.000	2.000.000	2.00.000
Eigenkapital	1.348.324	2.133.740	3.894.680	2.450.220,17

Fortsetzung auf der nächsten Seite.

---

[188] Ergebnisse der Tabellen 6-12.

[189] Die Formeln für Berechnung der Bilanzrelationen sind im Anhang unter der Anlage 3 aufgeführt. Der „Loan to Value" stellte das Verhältnis zwischen den Finanzierungsmitteln und dem Objektwert dar. Dieses Verhältnis bewertet das Risiko, dass im Rahmen eines Objektverkaufes zur Rückerlangung der Kreditmittel besteht. Je niedriger das ausgewiesene Verhältnis sich zeigt, desto tendenziell besser gestaltet sich das Ratingergebnis.

[190] Ergebnisse der Tabellen 6-12.

Eigenkapital-quote[191]	40,27 %	51,62 %	66,07 %	53,62 %
Fremdkapital-quote	59,73 %	48,38 %	33,93 %	46,38 %
Deckungsgrad 1	57,42 %	68,09 %	79,57 %	69,44 %
Deckungsgrad 2	142,58 %	131,91 %	120,43 %	130,56 %
loan to value	85,17 %	63,82 %	40,86 %	61,11 %

Tabelle 15: Gegenüberstellung typischer Bilanzkennzahlen und der Risikokennziffer „loan to value"

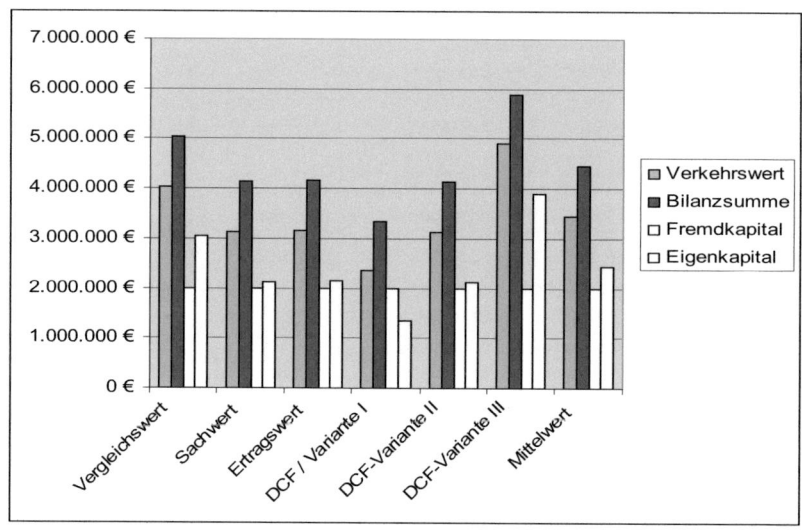

Abbildung 8: Darstellung der Ergebnisse gem. Strukturbilanz[192]

---

[191] Die Formeln für Berechnung der Bilanzrelationen sind im Anhang unter der Anlage 3 aufgeführt.

[192] Eigendarstellung.

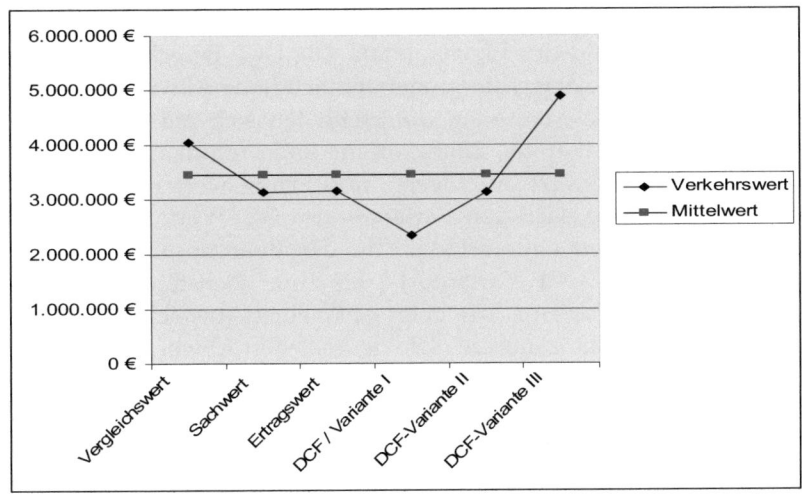

Abbildung 9: Darstellung des Verkehrswertes in Abhängigkeit von der Bewertungsmethode[193]

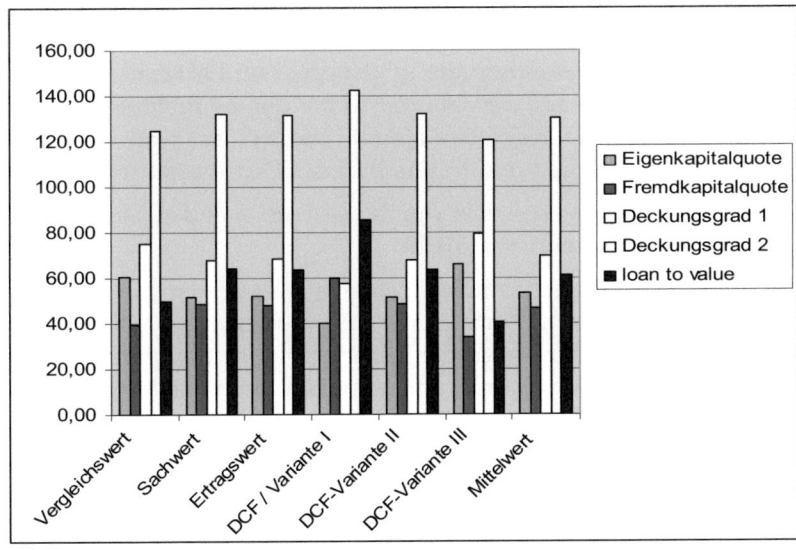

Abbildung 10: Gegenüberstellung der Bilanzkennziffern sowie der Risikokennziffer loan to value[194]

---

[193] Eigendarstellung.
[194] Eigendarstellung.

Abbildung 7 zeigt die differierenden Werte der Bilanzsumme, des Verkehrswertes und des Eigenkapitals. Die DCF-Berechnungen der Varianten I und II zeigen hier ungewöhnlich hohe Abweichungen in den Werten. Diese Methoden unterscheiden sich am stärksten in den Punkten Eigenkapital, Bilanzsumme und Fremdkapital. Methoden der Vergleichswert-, Sachwert-, und Ertragswertermittlung sowie die Ermittlung nach den Varianten des DCF-Verfahrens bilden sich mit deutlichen Unterschieden in der Bilanzsumme ab. Vom niedrigsten Wert (DCF Variante I) bis zum höchsten Bilanzsummenwert (DCF Variante III) zeigt sich eine Abweichung von € 2.546.356 in der Bilanzsumme. Die deutlichsten Abweichungen von einem Mittelwert weisen die Variationen I und III der DCF-Methode auf. Hier zeigt sich, dass die geänderten Parameter - hinsichtlich Abzinsungssatz und prognostizierter Mietsteigerung - erhebliche Einflüsse auf das Kennzifferngerüst der Bilanz haben.

Die unterschiedliche Prognose der Mieten sowie die Einschätzung der Abzinsungssätze wirken sich in einem hohen Maße auf die mittels der DCF Methoden ermittelten Verkehrswerte aus.

Die Tabelle 15 zeigt, dass die unterschiedlichen Wertermittlungsverfahren und insbesondere die ursprünglichen Parameter erhebliche Auswirkungen auf die Bilanzstruktur des betrachteten Unternehmens haben. Die Eigenkapitalquote variiert um weit über 50% zwischen der Variante I und Variante III des DCF-Verfahrens.

Die Variation der Werte wird durch die vorstehenden Diagramme (Abbildungen 7-9) veranschaulicht.

Anzumerken ist, dass die im Rahmen einer Neubewertung gebildete Neubewertungsrücklage erfolgsneutral berücksichtigt wird. So ist bei einem Anstieg der gegen die Eigenkapitalposition verrechneten Neubewertungsrücklagen mit einem sinken der Eigenkapitalrendi-ten zu rechnen (Voraussetzung: ceteris paribus)[195].

---

[195] Vgl. Zülch; S. 244. Vgl. auch: Kirsch; Eigenkapitalverrechnungen – ein Spezifikum der internationalen Rechnungslegung; S. 245-254.

5. Fazit / Ausblick

Die vorhergehenden Ausführungen verdeutlichen, dass allein schon durch die Methodenwahl bei der Immobilienbewertung erhebliche Auswirkungen auf die Bilanzstruktur einer Unternehmung zu erwarten sind. Die unterschiedliche Ansatzweise wird unter Zugrundelegung der Regelungen des IASB, speziell durch die Berücksichtigung alternativer Konzepte zur Kapitalerhaltung, begünstigt[196]. An diesem frühen Ansatzpunkt sind bereits unterschiedliche Auffassungen von einer Bilanzierung zu dynamischen Werten[197] oder auf Basis der alternativlosen Wiederbeschaffungspreise[198] zu finden.

Da diese Diskussion der unterschiedlichen Kapitalerhaltungskonzepte zum jetzigen Zeitpunkt nicht abgeschlossen ist, stehen dem Bilanzierer derzeit noch eine Vielzahl von Methoden zur Verfügung. Die Reduktion expliziter Wahlrechte, wie sie bereits im „Exposure draft of Proposed Improvements to International Accounting Standard" vom 16. September 2002 niedergelegt wurden, muss vorangetrieben werden.

So sollte nicht nur die angestrebte Reduktion der Wahlrechte, betreffend einem Ansatz zu Anschaffung- oder Herstellungskosten, dem beizulegenden Wert bzw. einem Barwert umgesetzt werden, sondern auch die Maßstäbe, nach denen der beizulegende Wert bzw. die Eingaben zur Berechnung des Barwertes vorzunehmen sind.

Als Problematik ist hierbei festzustellen, dass die vielfältigen kulturbedingten Einflüsse auf die Rechnungslegung und insbesondere die in diesem Rahmen durchzuführende Immobilienbewertung - als ein Baustein der Rechnungslegung -, einer Harmonisierung der Standards in Europa entgegenstehen.

Der ursprüngliche full vair value Ansatz für sämtliche Vermögensgegenstände, wie er in der Literatur häufig gefordert wird, kann unter keinen Umständen tragfähig sein, da der „Ausdruck der Nut-

---

[196] Siehe Meyer; S. 191.
[197] Vgl. ebd.; S. 191.
[198] Vgl.ebd.; S. 191.

zenerwartung[199]" zwar der investororientierten Sichtweise nahe kommt, eine gläubigerorientierten Sichtweise, insbesondere unter dem Aspekt true and fair view - mit Blick auf die faktischen Wahlrechte hinsichtlich der Ausprägungsformen des fair values - ausschließt. Der Gläubigerschutz, wie er in den kontinentaleuropäischen Grundsätzen verankert ist[200] wird durch diese fair value Ansätze zunichte gemacht. Die Wahl zwischen mehreren Alternativen der Bewertungsmethoden erlaubt zum einen faktische Wahlrechte und zum anderen erhebliche Ermessensspielräume für den Bilanzierenden[201]. Diese Ermessensspielräume werden durch das Praxisbeispiel - unter Anwendung der unterschiedlichen Bewertungsmethoden - bestätigt. Hinzu kommt - im Rahmen der Immobilienbewertung - eine eigene, durch die Landeskultur und die örtlichen Gegebenheiten geprägte, Einschätzung hinsichtlich der Eingangswerte. Dadurch wird eine Vergleichbarkeit von Abschlusszahlen zusätzlich erschwert.

Lt. Küting wird „durch die Bewertung zum Fair Value die Bilanzanalyse grundsätzlich nicht (vereinfacht)"[202]. Zum einen wird durch diese Ermessensspielräume dem Bilanzierenden die Möglichkeit gegeben die eigenen ökonomischen Sachverhalte möglichst realistisch abzubilden, zum anderen wird gleich eine „ ganze Bandbreite von (...) zulässig erachteten Ansätzen" zur Verfügung gestellt – die es in der Folge erschweren, die Bilanz unter Ausräumung der sog. non valeurs zu analysieren[203]. Gerade die Vielzahl der Wahlrechte im Immobilienbereich tragen zu einer Verschlechterung des Informationsgehaltes bei. Dies wird insbesondere deutlich, wenn man die Bilanzierungspraktiken für das Investment Property bei großen deutschen Unternehmen betrachtet[204]. Unterschiedlich genutzte Bewertungsverfahren und eine unzulängliche Agenda erschweren eine verlässliche Beurteilung der Jahresabschlüsse, da - wie Spindler bestätigt - nur selten Marktpreise oder vergleichbare Objekte vorhanden sind.

---

[199] Siehe Wüstemann / Kierzek: Ertragsvereinnahmung im neuen Referenzrahmen von IASB und FASB - internationaler Abschied vom Realisationsprinzip? In Betriebs-Berater; 60. Jg. Heft 8, vom 21.02.2005.

[200] Vgl. Hinz; Rechnungslegung nach IFRS; S. 3.

[201] Vgl. Küting / Weber; in Betriebs-Berater; S. 711-713.

[202] Vgl. ebd.

[203] Vgl. ebd.

[204] Vgl. Spindler; S. 237-262.

Zu erwarten ist, dass - bei kapitalmarktorientierten Gesellschaften - Methoden gewählt werden, die eine Verbesserung der Bilanzstrukturen bewirken und damit einen positiven Einfluss auf das Rating haben und somit die Refinanzierung eines Unternehmens begünstigen.

An die Prüfer eines Jahresabschlusses, als auch für Finanzanalysten, die die wirtschaftliche Situation einer Unternehmung bewerten sollen, stellt das bestehende System erhebliche Anforderungen. Der Grund, eine Vergleichbarkeit und damit eine Bewertung mit entsprechender Aussagekraft ins nur bedingt, bzw. unter Schwierigkeiten, herzustellen. Vor dem Hintergrund der Prüfung eines IFRS-Abschlusses ermöglicht die Anwendung der Wahlrechte unter Umständen einem Unternehmen zwar das Testat formell zu erlangen, die Aussagekraft des Jahresabschlusses wird aber dadurch nicht erhöht. So ist es dem Zweck eines Jahresabschlusses nach IFRS dienlich, die künftigen Einzahlungsüberschüsse zu prognostizieren, um die Adressaten über die möglichen Veränderungen der Vermögens-, Finanz- und Ertragslage zu informieren[205], die Aussagekraft und mögliche Fehleinschätzungen - bzw. eine bewusstes adressatenorientiertes Window-Dressing - wird dadurch nicht ausgeschlossen. Insbesondere das DCF-Modell erlaubt hier erhebliche Beeinflussungen der Werte. Die Eingaben bezüglich der Cash-Flows, als auch die Diskontierungssätze unterliegen vollständig der Bestimmung des Managements[206].

Es sollte verpflichtend sein, dass das bilanzierende Unternehmen einen Abschluss zu prognostizierten Werten vornimmt, in dem die Berechnungsgrundlagen und Annahmen deutlich ausgewiesen und der Vergleichsmaßstab der fortgeführten Anschaffungs- und Herstellungskosten parallel aufgeführt werden. Dies ermöglicht es jedem Analysten, sich ein Urteil über die Wahrscheinlichkeit des Prognoseeintritts zu machen. Die Aussage zu einer Eintrittswahrscheinlichkeit des Entwicklungsscenarios - z.B. bei einem Immobilienportfolio - wird möglich. Dieses würde die Vergleichbarkeit[207] und Verständlichkeit[208] – wie Sie im IAS-Framework gefordert wird – unterstützen und eine Fair Presentation im Sinne des Frameworks be-

---

[205] Vgl.: Hinz; S. 50
[206] Vgl.: ebenda S. 154
[207] Vgl. F. 39-42.
[208] Vgl. F. 25.

günstigen[209]. Außerdem ist auf diese Weise eine „angemessene Obergrenze der Bewertung vorhanden", die „ den Ausweis noch nicht realisierter Gewinne (…) verhindert"[210].

Die parallele Anwendung einer fair value Methode und der fortgeführten Anschaffungs- oder Herstellungskosten entspräche auch dem obersten Ziel der Rechnungslegungsvorschriften nach IFRS[211]. Die Vermittlung entscheidungsfördernder Informationen würde nicht beeinträchtigt. Damit wäre sowohl der Gläubigerschutz als auch der Investorenblickwinkel ausreichend berücksichtigt.

So ist die Bilanzierung bei den immobilen Werten nach dem fair value nicht in der Lage - trotz oder gerade wg. der Nähe zum Markt[212] - eine bessere Übersicht über die Unternehmenslage zu erbringen. Es existieren Wahlrechte, die Ermessenspielräume in Umfang und Höhe einräumen, wie Sie nach den Vorgaben des Handelsgesetzbuches nicht gegeben sind. So besteht die Möglichkeit, durch die Anwendung dieser Wahlrechte, stille Reserven zu bilden und den Jahresabschluss zu subjektivieren[213]. Eine Bilanzanalyse wird durch diese Anwendungsmöglichkeiten, hier bezogen auf das Immobilienvermögen, umso wichtiger, je progressiver die Wahlrechte genutzt werden.

Um in Zukunft verlässlichere Angaben aus dem Bereich der Immobilienbewertung zu erhalten, ist auch hier eine zunehmende Harmonisierung der nationalen Wertermittlungsnormen zwingend anzustreben. Kulturelle Unterschiede sollten ausgeglichen werden, um so die Eingabedaten verlässlich ermitteln zu können.

Eine Einschränkung der zum Teil erheblichen Wahlrechte und der Abbau der grundsätzlichen Ermächtigung des Managements zur Gestaltung von Bilanzierungs- und Bewertungsrichtlinien (IAS 8.10)[214] ist wünschenswert. Entsprechende Regelungen würden dazu beitragen, Auswüchse in der Bilanzierung zu vermeiden.

---

[209] Vgl. F. 46.

[210] Vgl. Spindler; S. 55.

[211] Vgl. ebd. S. 72.

[212] Vgl. Küting / Reuter; S.713.

[213] Vgl.: Schön; Kompetenzen der Gerichte zur Auslegung der IAS / IFRS in Betriebs-Berater; 59 Jg.; Heft 14; vom 5. April 2004; S. 766.

[214] Vgl. IAS 8.10: "In the absence of a Standard or an Interpretation that specifically applies to a transaction, other event or condition, management must use its judgement in developing and applying an accounting policy that re-

sults in information that is relevant and reliable." Siehe hierzu
http://www.iasplus.com/standard/ias08.htm und Schön; S. 766.

6. Anhang

6.1. Anlage 1: Einflussfaktoren auf die Werthaltigkeit von wohnwirtschaftlichen Immobilien (als gewerbliche Investition) und gewerblichem Eigentum (z.B. Geschäfts-, Bürogebäude, industrielle Anlagen)[215]

Einflussfaktoren	Räumliche Bezugseinheit, auf die eine Veränderung der Rahmenbedingungen Einfluss nimmt				
	Land	Region	Lokaler Markt	Lage	Objekt
Demographie					
Einwohner	X		X		
Demographische Entwicklung	X		X		
Makroökonomische Entwicklungen					
Wirtschaftswachstum	X				
Allgemeine Preisentwicklung	X				
Langfristige Zinsen	X				
Wechselkurs	X				
Arbeitslosigkeit	X		X		
Politische und Finanzpolitische Rahmenbedingungen					
Krisenregion	X				
Mietgesetzgebung/ entfällt bei reinen Gewerbeimmobilien	X				
Steuergesetzgebung	X				
Regionale Umwelt- und Bodenrisiken					
Hochwassergefahr		X			
Erdbebengefahr		X			
Gefahr von Bodenabsenkungen		X			

Fortsetzung auf der nächsten Seite.

---

[215] In Anlehnung an TEGoVA; S.305-312.

Einflussfaktoren	Räumliche Bezugseinheit, auf die eine Veränderung der Rahmenbedingungen Einfluss nimmt				
	Land	Region	Lokaler Markt	Lage	Objekt
Eigennutzer- / Anlegermarkt			X		
Mietwohnungen bzw. Nutzfläche (Anteil am Gesamtbestand)			X		
Marktphase (Aufschwung/Rezession/ Boom)			X		
Leerstandsquote			X		
Preisvolatilität			X		
Wohnumfeld/Gewerbeumfeld					
Lage im Siedlungsraum / Gewerbegebiet				X	
Quartiereinschätzung / Image / Verkehrsanbindung / Infrastruktur				X	
Verkehrsbelastung				X	
Weitere Emissionen				X	
Sonstige Standortfaktoren					
Bodeneigenschaften				X	
Konkurrenz vor Ort / im Einzugsgebiet				X	
Bebauung / Objekt der Lage angemessen				X	
Miet-/ Pachtverhältnisse					
Besonderes Miet- und Pachtausfallrisiko				X	X
Miet- / Pachthöhe				X	X
Miet- / Pachthöhe in Relation zum Marktdurchschnitt			X	X	X

Fortsetzung auf der nächsten Seite.

Einflussfaktoren	Räumliche Bezugseinheit, auf die eine Veränderung der Rahmenbedingungen Einfluss nimmt				
	Land	Region	Lokaler Markt	Lage	Objekt
Weitere Objekteigenschaften					
Baujahr					X
Objektart					X
Bauweise					X
Geschosse					X
Zuschnitt der Wohnungen - Gewerbeeinheiten / Anzahl je Objekt					X
Stellplatzangebot / Garagen					X
Baulicher Zustand					
Sanierungszustand (teil- / un- / vollsaniert)					X
Besondere Instandsetzungsrisiken					X
Altlasten					X

6.2. Anlage 2: Auszug aus dem Bodenrichtwertesystem des Landes Nordrhein-Westfalen[216]

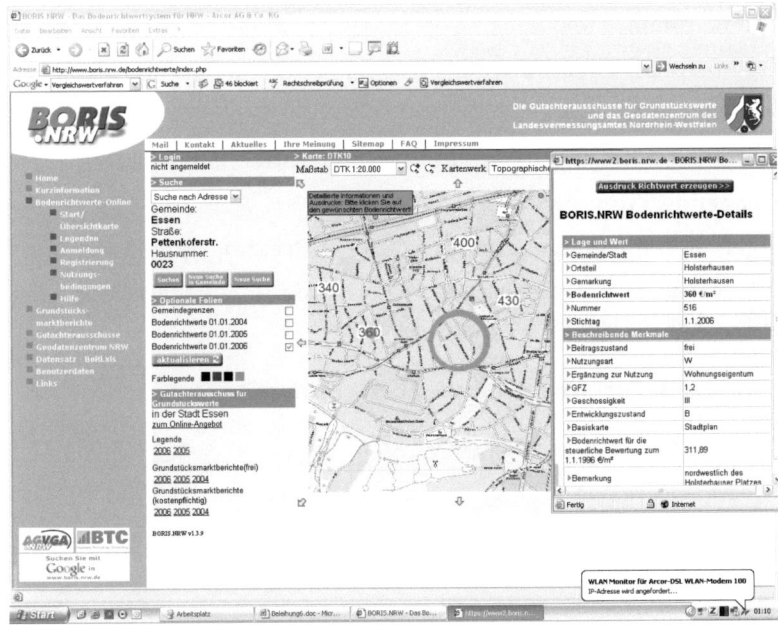

---

[216] Siehe hierzu: Gutachterausschuss für das Land NRW: unter
http://www.Boris.nrw.de.

6.3. Anlage 3: Kennzahlen der Bilanzstruktur[217]

- Eigenkapitalquote

  Eigenkapital/Gesamtkapital * 100 = Eigenkapitalquote

- Fremdkapitalquote

  Fremdkapital/Gesamtkapital * 100 = Fremdkapitalquote

- Anlagendeckungsgrade

  Eigenkapital/Anlagevermögen * 100 = Deckungsgrad 1

  (Eigenkapital + langfristiges Fremdkapital) / Anlagevermögen *100 = Deckungsgrad 2

6.4. Anlage 4: Formel zur Barwertberechnung

$K_0 = e* ((q^n-1)/q^n(q-1)) = e * ((1+i)^n-1)/i(1+i)^n)$

K_0 = Barwert

E = jährliche Einnahmen

$(q^n-1)/(q^n(q-1))$ = Barwertfaktor

i = Kalkulationszinssatz

Anmerkung: Diese Formel ist anwendbar bei mehrmaliger Zahlung gleich hoher Zahlungsbeträge am Ende jeder Periode des Betrachtungszeitraumes.[218]

---

[217] In Anlehnung an Olfert; S. 362, 365.
[218] Siehe Olfert; S. 85.

7. Literatur- und Quellenverzeichnis

Audörsch: http://finanzportal.wiwi.uni-sb.de/fund/42.htm.

BDO Deutsche Warentreuhand AG (2005) (Hrsg.); Praxishandbuch Real Estate Management; Kompendium der Immobilienwirtschaft; Stuttgart 2005.

BDVI (Hrsg.): http://www.bdvi.de/europa/tegova/tegova.htm

Buchholz (2005): Grundzüge des Jahresabschlusses nach HGB und IFRS; aus der Reihe Lernbücher für Wirtschaft und Recht; 3., völlig überarbeitete Auflage; München 2005.

Bundesministerium für Wirtschaft und Technologie (2003): http://www.nexxt.org/themenundtexte/unternehmenswert/00051/index.php.

Bundesverband Deutscher Banken (2005) (Hrsg.): Kapitalmarktprodukte für den deutschen Mittelstand – Argumente zum Finanzmarkt; Berlin 2005.

Bundesverband Deutscher Banken (2006): Bankenbericht Juni 2006; S. 68-72; unter http://www.bankenverband.de/broschueren/index.asp?channel=10241010#b.

Bundesverband öffentlich bestellter und vereidigter sowie qualifizierter Sachverständiger e.V. unter http://www.bvs-ev.de.

Coenenberg (2000): Internationalisierung der Rechnungslegung und ihre Auswirkungen auf die Analyse der Vermögens – und Finanzlage von Kapitalgesellschaften, 2002.

Collegio Ingegneri e Architetti Milano: Angabe zur Fundstelle von italienischen Bewertungsstandards, Informationen entnommen aus TEGoVA; EVS 2003; http://www.collegioingegneriarchitettimilano.it/formazione.htm.

Degenhardt (2003): Zeitwertbilanzierung finanzieller Vermögenswerte von Versicherungsunternehmen nach IFRS, Band 37; Dissertation; Lohmahr 2003.

Deloitte & Touche GmbH (Hrsg.) / (2005): Statement unter http://www.iasplus.de/standards /ias_40.php.

Deloitte & Touche GmbH (Hrsg.) : IFRS 1; Praxisratgeber „Erstmalige Anwendung der International Financial Reporting Standards"; Januar 2005; unter http://www.deloitte.com.

Deutsche Annington (Hrsg.): http://www.deutscheannington.de/beitrag/da_standardbeitrag _de_267317.html.

Deutsche Bundesbank (2005): Solvabilität – Eigenmittel für Grundsatz I; unter http:www.bundesbank.de/bankenaufsicht/ bankenaufsicht_eigen_grund.php; Frankfurt am Main 2005; (keine Angabe der Seitenzahl).

Deutsches Institut für Normung e.V.: DIN 277 unter http://www.din.de.

EUROHYPO AG (Hrsg.): Marktbericht für das Jahr 2005 der EUROHYPO AG unter http://www.eurohypo.com/de/pdf_dokumente/marktberichte/ Marktbericht_Deutschland_dt.pdf

Ernst & Young (2005): IFRS™ / US GAAP Comparison, A comparison between International Financial Reporting Standards and US GAAP by the Financial Reporting Group of Ernst & Young; 3rd Edition; United Kingdom 2005

Ernst & Young (2005) (Hrsg.);
http://www.ey.com/Global/content.nsf/Germany/ Presse_-_Pressemitteilungen_2005_-_Fair_Value

Ernst & Young (Hrsg.) (2005): Nationale und Internationale Rechnungslegung; unter
http://www.ey.com/GLOBAL/content.nsf/Austria/Wirtschaftspruefung_ Nationale_und_ internationale_Rechnungslegung.

Essler/Seidel (2003): Bilanzierung; Bewertung von Immobilien aus Betriebswirtschaftliche Mandantenbetreuung April 2003, S. 97-98; unter www.orcf.de /downloads/0304_Bewertung _Immobilien.pdf.

Fachhochschule Neubrandenburg:

- http://www.fh-nb.de/vermessung/lehre/fach/vtr2/bauleitplanung___bodenwirtscha/

- wertermittlung/ertragswertermittlung/ertragswertermittlung.html.

- http://www.fh-nb.de/vermessung/lehre/fach/vtr2/bauleitplanung___bodenwirtscha/ wertermittlung/sachwertermittlung/sachwertermittlung.html

- http://www.fh-nb.de/vermessung/lehre/fach/vtr2/bauleitplanung___ bodenwirtscha/ wertermitt-lung/vergleichswertermittlung/vergleichswertermittlung.html.

Finanztip: unter http://www.finanztip.de; o.O.; o.V.

Franke / Siedenburg / Wilke (2006): Immobilien; Gutes oder böses Geld? erschienen im FOCUS, Das Moderne Nachrichtenmagazin; Ausgabe Nr. 32 vom 7. August 2006.

Gebert (2005): Untersuchung im Studiengang Geodäsie und Geoinformatik an der Universität Stuttgart zum Thema „Bewertungsrelevante Aspekte bei Offenen Immobilienfonds"; Stuttgart 2005.

Grünberger/Grünberger (2004); Rechnungswesen und Steuern; IAS / IFRS 2005; Ein systematischer Praxis-Leitfaden; Stand: 1.11.2004; 3. vollständig überarbeitete und erweiterte Auflage; Herne / Berlin 2005.

Gutachterausschuss für das Land NRW: http://www.gutachterausschuss. nrw.de/oga.html.

Gutachterausschuss für das Land NRW: Auszug aus dem Bodenrichtwertesystem unter http://www.boris.nrw.de/.

Handelsblatt (2004) (Hrsg.): Mittelständler kommen schwer an Kredite; Nr. 224; 17. November 2004; S. 25.

Herzig; IAS / IFRS und steuerliche Gewinnermittlung, Eigenständige Steuerbilanz und modifizierte Überschussrechnung – Gutachten für das Bundesfinanzministerium; Düsseldorf 2004.

Heuser / Theile / Pawelzik (2005): IAS/IFRS Handbuch; Einzel- und Konzernabschluss, 2., neu bearbeitete Auflage; Köln 2005.

Hinz (2005): Vahlens IFRS Praxis aus der Reihe Management und Controlling; Rechnungslegung nach IFRS; Konzept, Grundlagen und erste Anwendung; München 2005.

Holzner / Renner (2005): Ermittlung des Verkehrswertes von Grundstücken und des Wertes baulicher Anlagen; 29. Auflage; Iserhagen 2005

Hüttche: Internationale Bilanzanalyse: Bleibt alles anders?; in: Betriebs-Berater; 60. Jg.; Heft 3; 17. Januar 2005.

IASB (2002): http://www.iasb.org/news/2002_archive.asp.

IDW (2003): International Financial Reporting Standards; International Accounting Standards (IAS), Interpretationen des Standing Interpretations Committee (SIC); Die amtlichen EU-Texte; Englisch-Deutsch 2003; IDW Textausgabe; Düsseldorf 2003.

Anmerkung: Mittlerweile ist eine aktualisierte Fassung des Werkes aus dem Jahr 2006 erhältlich. Auf Grund der Nutzung div. Internetquellen zur Aktualisierung der Interpretationen wurde auf eine Beiziehung des neuen Werkes verzichtet.

IDW (2004): Entwurf IDW Stellungnahme zur Rechnungslegung: Bewertung bei der Abbildung von Unternehmenserwerben und bei der Werthaltigkeitsprüfung nach IFRS (IDW ERS HFA 16); Stand 14. Oktober 2004) unter https://www.idw.de /idw/generator/property=Inhalt/id=373946.pdf.

International Valuation Standards Committee: http://www.ivsc.org/.

Kirsch (2004); Eigenkapitalverrechnungen – ein Spezifikum der internationalen Rechnungslegung, Auswirkungen der erfolgsneutralen Eigenkapitalverrechnung bei IAS/IFRS auf die kapitalbasierten Rentabilitätskennzahlen; in: Der Schweizer Treuhänder 4/2004. Download unter: http://www.treuhaender.ch/; Archiv.

Kremin-Buch (2002): Internationale Rechnungslegung; Jahresabschluss nach HGB, IAS und US-GAAP, Grundlagen – Vergleich – Fallbeispiele; 3. Auflage; Wiesbaden 2002.

Kröll (2002): Profi-Methoden; Vergleichswertverfahren; S.1-11; unter www.immobilienbewertung-online.de/pdf/vergleichswertverfahren.pdf.

Küting / Reuter: Werden stille Reserven in Zukunft (noch) stiller? – Machen die IFRS die Bilanzanalyse überflüssig oder weitgehend unmöglich? In: Betriebs-Berater; 60. Jg. Heft 13; vom 29.03.2005.

Küting / Weber (2004): Die Bilanzanalyse, Beurteilung von Abschlüssen nach HGB und IFRS, 7. Auflage, Stuttgart 2004.

Dieses Buch ist seit dem 10.08.2006 in einer 8., aktualisierten und überarbeiteten Auflage erhältlich. Auf eine Beiziehung wurde auf Grund eines erheblichen finanziellen Mehraufwandes verzichtet.

Leinemann (2005): Neue Bilanzierungsstandards (Teil 2); Marktwerte ermitteln; in Immobilienmanager 1+2, 2005; Fundstelle http://www.hvbexpertise.de.

Manager Magazin (vom 22.12.2005): http://www.manager-magazin.de/geld /geldanlage /0,2828,391796,00.html.

Meyer (2005): Unternehmenswertorientierte Berichterstattung auf Basis der IAS / IFRS, Eine bilanztheoretische und bilanzpolitische Betrachtung aus deutscher Sicht; aus Gabler Edition Wissenschaft; Wiesbaden 2005.

Moodys (Ratingagentur):
http://www.moodys.com/moodys/cust/research/MDCdocs/20/20020000004 32250.pdf

Munsch / Weiß (2002): Externes Rating – Finanzdienstleistung und Entschei-dungshilfe; in: Deutscher Industrie- und Handelskammertag (Hrsg.); 3. Aufla-ge; Berlin/Bonn 2002.

Olfert (1997): Finanzierung, Kompendium der praktischen Betriebswirtschaft; 9. Auflage; Ludwigshafen 1997.

Pellens / Fülbier / Gassen (2005): Internationale Rechnungslegung; 5. Auflage mit den IFRS 1 bis 5, Improvements Project, Amendments IAS 32 und 39 mit Beispielen und Fallstudie; Stuttgart 2005.

Price Waterhouse Coopers (PWC) (2005): International Financial Reporting Standards in mittelständischen Unternehmen; Juli 2005, download unter http://www.pwc.com/extweb/pwcpublications.nsf/docid/539BBAE800C01B 7980257042003F44DF.

Reinhold (2003) (Hrsg.); Wertermittlungsrichtlinien 2002; mit Normalherstel-lungskosten; Textsammlung; 3. Auflage; München/Unterschleißheim 2003.

Anmerkung: Hier ist mittlerweile eine 4., vollständig überarbeitete Auflage er-hältlich. Die maßgeblichen Inhalte der Wertermittlung haben sich - nach Prü-fung -nicht geändert. Insofern wurde auf eine Beiziehung der neuen Auflage verzichtet.

Royal Institue of Chartered Surveyors: Apraisal and Valuation Manual; Red Book unter http://www.rics.org/ bzw. http://www.isurv.co.uk/.

Ruhnke (2005): Rechnungslegung nach IFRS und HGB; Lehrbuch zur Theorie und Praxis der Unternehmenspublizität mit Beispielen und Übungen; Stuttgart 2005.

Schneck / Morgenthaler / Yesilhark (2003): Beck-Wirtschaftsberater Rating – Wie Sie sich effizient auf Basel II vorbereiten; München 2003.

Schön (2004); Kompetenzen der Gerichte zur Auslegung der IAS / IFRS in Betriebs-Berater; 59. Jg.; Heft 14; 05. April 2004.

Schrank; in Seminar zum Rechnungswesen aus der Vorlesungsreihe Allgemeine Betriebswirtschaftslehre für Juristen in http://www.iudexcalculat.de/BWL%20II/ BWL _ JURA_ Teil_4_ Kapitel_2_Externes_ Rechnungswesen_A.pdf.

Simon / Reinhold (2001); Wertermittlung von Grundstücken, Aufgaben und Lösungen zur Verkehrswertermittlung von Grundstücken; 4., überarbeitete und erweiterte Auflage, Neuwied 2001.

Sparkasse Bremen (2004): Basel II & Rating unter http://www.sparkasse-Bremen.de/firmenkunden/ct_fk_rating.html#Was%20Basel%20II%20für%20 Sie; Stand 2004.

Spindler: Zeitwertbilanzierung nach dem ADHGB von 1861 und nach den IAS/IFRS – eine empirische Analyse aus Kapitalgebersicht; aus der Schriftenreihe Betriebswirtschaftliche Steuerlehre, Rechnungswesen und Finanzen; Sternenfels 2005.

Stahl (2004): Wechsel von HGB zu IAS / IFRS oder US-GAAP; Empirische Untersuchung der Umstellung von deutschen auf internationale Rechnungslegungsgrundätze aus der Reihe Unternehmensführung & Controlling ; Hrsg.: Becker und Weber; Wiesbaden 2004.

Steger (1998): Zwangsversteigerung von Immobilien in der Zeitschrift „finanztip" unter: http://www.finanztip.de/recht/immobilien/br-immo150998.htm.

The European Group of Valuers' Associations (2004): Europäische Bewertungs- standards 2003; Zweite Deutsche Ausgabe; Bonn 2004.

Anmerkung: Die aktuelle Fassung der Europäischen Bewertungsstandards 2005 liegt derzeit nur in der französischen Fassung vor. Ein Exemplar wurde über die Handelskammer Paris bestellt, war jedoch bis zum Redaktionsschluss nicht verfügbar.

Trotz (The European Group of Valuers' Associations): http://www.tegova.de.

VÖB Bundesverband Öffentlicher Banken Deutschlands (2005): Interpretationshilfen für die Umsetzung von Basel II, Behandlung grundpfand-rechtlich besicherter Kredite; 05/2005; unter http://www.voeb.de/content_ frame/downloads/pu_kredit.pdf.

Wagenhofer (2005): Internationale Rechnungslegungsstandards – IAS / IFRS; Grundkonzepte; Bilanzierung, Bewertung, Angaben; Umstellung und Analyse; 4. überarbeitete und erweiterte Auflage der „International Accounting Standards"; Frankfurt / Wien 2005.

Werner (2004): Mezzanine-Kapital – Mit Mezzanine-Finanzierung die Eigenkapitalquote erhöhen; 1. Auflage; Köln 2004, S. 11.

White / Turner / Jenyon / Lincoln (1999): Internationale Bewertungsverfahren für das Investment in Immobilien; Praktische Anwendung internationaler Standards; Wiesbaden 1999.

Wirth (2005): Firmenwertbilanzierung nach IFRS; Unternehmenszusammenschlüsse, Werthaltigkeitstest, Endkonsolidierung; Stuttgart 2005.

Wüstemann / Kierzek: Ertragsvereinnahmung im neuen Referenzrahmen von IASB und FASB - internationaler Abschied vom Realisationsprinzip? in: Betriebs-Berater; 60. Jg. Heft 8, vom 21.02.2005.

Zülch (2005); Investment Properties: Begriff und Bilanzierungsregeln nach IFRS, in: PiR 2005, S. 67-72. Fundstelle: http://www.wiwi.tu-lausthal.de/personen/hochschullehrer- innen / hzuelch/; Abschnitt: referierte Fachzeitschriften.

Zülch (2005); Die Gewinn- und Verlustrechnung nach IFRS, Erfolgswirtschaftliche Grundlagen der IASB-Rechnungslegung, Entwicklungsstand der Gewinn- und Verlustrechnung, Perspektiven der Erfolgsermittlung im internationalen Kontext; Herne / Berlin 2004.

Anmerkung: Sämtliche Daten aus den oben aufgeführten Internet-Quellen wurden per 15.07.2006 heruntergeladen und per 15.08.2006 überprüft.

7.1. Weitere Internetquellen

http://www.bundesbank.de/bankenaufsicht/bankenaufsicht_basel.php.

http://www.iasplus.com.

http://www.ifrs-portal.com.

http://www.ifrs-portal.com/Texte_deutsch/Standards/Standards_2006/
IAS_40/IAS_40_6.htm#Modell%20des%20beizulegenden%20Zeitwerts.

http://www.standardsetter.de/drsc/docs/iasb_standards.pdf.

http://de.wikipedia.org/wiki/Discounted_Cash-Flow.

http://www.wirtschaftslexikon24.net/d/finanzinvestition/finanzinvestition.ht
m.

**Anmerkung: Sämtliche Daten aus den obenstehenden Internet-Quellen wur-
den per 15.07.2006 heruntergeladen und per 15.08. 2006 überprüft.**

7.2. Verzeichnisse der Gesetze, Rechtsverordnungen und Richtlinien

Baugesetzbuch (BauGB) von 1960 in der Fassung vom 23.09.2004 mit den Aktualisierungen vom 21.06.2005.

Handelsgesetzbuch (HGB): Gesetz von 10.5.1897; mit den Aktualisierungen bis Januar 2005; entnommen aus Beck-Texte (Hrsg.); Handelsgesetzbuch; 43., überarbeitete Auflage.

Die letzte Änderung des HGB ist durch das Bundesgesetzblatt Jahrgang 2006 Teil I Nr. 39, ausgegeben zu Bonn am 17. August 2006; erfolgt.

International Financial Reporting Standards / International Accounting Standards in der für das Jahr 2006 bestimmten Form mit den Regelungen der Verordnung (EG) Nr. 1606/2002 des Europäischen Parlaments und des Rates betreffend IAS 40 geändert durch Verordnung (EG) Nr. 1725/2003 und Verordnung (EG) Nr. 2238/2004 sowie der Verordnung (EG) Nr. 1725/2003 der Kommission vom 29. September 2003 - betreffend IAS 16 - geändert durch Verordnung (EG) Nr. 2238/2004 der Kommission vom 29. Dezember 2004 Verordnung (EG) Nr. 1910/2005.

Pfandbriefgesetz: In der Fassung vom 22.5.2005, zuletzt geändert durch Gesetz zur Neuordnung des Pfandbriefrechts vom 22.5.2005.

Richtlinie 91/674/EWG der Europäischen Union zitiert nach TEGoVA; European Valuation Standards 2003.

Richtlinien für die Ermittlung der Verkehrswerte (Marktwerte) von Grundstücken (WertR 2002) in der Fassung vom 19.07.2002.

Verordnung über Grundsätze für die Ermittlung der Verkehrswerte von Grundstücken (WertV 88); in der Fassung vom 6.12.1988, zuletzt geändert am 18.8.1997.